G | REVUE GERMINAL
www.revuegerminal.fr

LE BORD DE L'EAU éditions
176 rue Achard
33300 Bordeaux
www.editionsbdl.com

L'AUTORITÉ EN DÉMOCRATIE

Avril 2025
Numéro #9

Sous la direction de
Jean-François Chanet et Cédric Moreau de Bellaing

GERMINAL

SOMMAIRE

Face à la déploration néoréactionnaire d'une supposée disparition de l'autorité, ce numéro s'emploie à envisager les transformations du rapport à l'autorité dans la perspective d'un socialisme du présent qui consiste à analyser les demandes d'autorité sans en présupposer de conception d'emblée normative. Plutôt qu'à un affaiblissement de l'autorité, nous assistons à la détermination d'un rapport critique à celle-ci qui en renforce la légitimité. Plutôt que l'exercice unilatéral d'un pouvoir asymétrique, l'autorité apparaît comme une forme de distinction légitime fondée sur l'exigence de coordination et de pédagogie nécessaire à l'émancipation individuelle et collective.

Comment le socialisme en tant que pensée de l'organisation du travail et du dépassement de la propriété privée des moyens de production a-t-il contribué au développement d'un rapport critique à l'autorité ? À rebours de l'idée d'une approche toujours critique de l'autorité, le socialisme apparaît davantage comme une matrice de sa redéfinition au travers de la dynamique de démocratisation de la société. Ce rapport critique à l'autorité n'est pourtant pas sans ambiguïté et n'a pas toujours été central dans l'histoire du socialisme et du mouvement ouvrier. À cet égard, il constitue un enjeu résolument contemporain.

L'institution d'un système d'assurances sociales nationales obligatoires dans les années 1880 par les gouvernements de Bismarck est souvent considérée comme une manifestation de la fondation autoritaire de l'État social considéré comme un moyen de contrôle social. Pour autant, la dynamique de démocratisation portée par les assurances sociales a constitué, au contraire, un vecteur de remise en cause de l'autoritarisme politique.

Deux visions discordantes de l'assistante sociale coexistent dans l'imaginaire collectif. L'une, idéalisée, fait d'elle l'incarnation de l'aide aux plus démunis, l'autre la conçoit comme une figure tutélaire coercitive, exerçant un contrôle social sur les classes populaires. L'histoire de l'assistance sociale apparaît comme un reflet des ambiguïtés de l'État social autant que sa professionnalisation et sa laïcisation permettent d'en saisir la démocratisation.

Au début des années 1930, de jeunes entrepreneurs allemands propagent une critique de la rationalisation tayloriste qui nourrit un diagnostic managérial de crise de l'autorité dans l'entreprise. Opposés à la démocratisation de l'entreprise et soucieux d'assurer la cohésion de la « communauté d'entreprise », ces praticiens de l'économie mettent en avant le rôle du chef (Führer) *dans l'organisation du travail. Cette version du discours managérial des « relations humaines » donne ainsi à voir un cas pathologique où la modernisation liée à la division du travail est envisagée au travers de modalités d'intégration issues de la culture d'autorité militaire.*

Si le XXe siècle fut en partie le siècle de l'autoritarisme, l'évolution du rapport à l'autorité sur le temps long est marquée par le dépassement de la réduction de la notion d'autorité à celle de commandement. Les catégories d'analyse des sciences sociales demeurent pourtant souvent centrées sur une telle acception de l'autorité. C'est au contraire en envisageant la pluralité des formes d'autorité, au-delà de celle de commandement, que l'étude du rapport d'autorité permet de dégager la tendance à la démocratisation de l'autorité dont la légitimité tend à se fonder sur la contribution pratique au collectif égalitaire.

Alors même que les méthodes de management élaborées par Frederick W. Taylor au début du XXe siècle sont de moins en moins utilisées dans nos sociétés désindustrialisées, la catégorie de « taylorisme » continue à être amplement mobilisée pour désigner les principes qui organisent le monde du travail au XXIe siècle. La preuve qu'il est aussi difficile d'imaginer la fin du taylorisme que celle du capitalisme ?

De quelle crise de l'autorité l'école souffre-t-elle ? Si les discours politiques mobilisent sans cesse la question de l'autorité dans l'éducation et à l'école, ce n'est pas tant que celle-ci y aurait disparu mais qu'elle s'y transforme en même temps que nos sociétés se complexifient, non sans difficultés. Poser la question de l'autorité suppose ainsi de se détacher de sa conception comme seule contrainte pour l'aborder comme une responsabilité statutaire, une autorisation personnelle et une capacité fonctionnelle.

Depuis 2021, la responsabilité de la direction d'école est rattachée à la notion incertaine d'« autorité fonctionnelle ». Considérée par les syndicats comme une manière de faire entrer dans l'exercice de la direction d'école une fonction managériale étrangère à la tradition du primus inter pares, *cette évolution souligne les difficultés actuelles à définir le statut des directeurs d'école dont les responsabilités sont cependant croissantes sans faire l'objet d'une reconnaissance suffisante. Cette spécificité du statut du directeur d'école peut aïnsi aider à penser l'autorité en lien avec l'exercice des fonctions professionnelles autant qu'elle souligne les difficultés de la réforme de l'institution scolaire.*

Les réactions à une expérimentation pédagogique menée par Céline Alvarez dans une école primaire de Gennevilliers permettent de dégager les différentes tendances idéologiques qui accompagnent les débats sur les formes d'éducation alternative. Si l'expérimentation se fonde sur une approche neuro-cognitiviste qui la rattache à une conception infra-sociologique de l'individu, l'expression des attentes vis-à-vis de l'expérimentation permet cependant d'envisager de manière sociologique la transformation du rapport à l'autorité autour d'une exigence croissante de prise en considération des aspirations à la compréhension de son fondement normatif de celles et ceux sur lesquels elle s'exerce.

Le juge des enfants est un magistrat de l'ordre judiciaire spécialisé dans la prise en charge des mineurs. Dans le champ de l'enfance en danger, il ordonne et assure le suivi de mesures d'assistances éducatives, qui peuvent prendre la forme de mesures d'accompagnement depuis le domicile ou de mesures de placement des mineurs. Il intervient également dans le champ de l'enfance délinquante, où il a la charge du jugement des infractions commises par les mineurs. Dans ce cadre, il ordonne notamment des mesures éducatives confiées au service de la Protection Judiciaire de la Jeunesse. Ce dernier champ a connu de récents bouleversements, avec l'entrée en vigueur le 30 septembre 2021 du code de la justice pénale des mineurs, qui a entièrement refondu l'architecture de la procédure pénale applicable aux mineurs.

Comment expliquer la perception durable d'une crise de l'autorité par une partie des forces de l'ordre ? L'attente d'autorité et sa critique dans la pratique des contrôles d'identité permettent d'identifier que plutôt qu'une crise de l'autorité, les pratiques professionnelles du maintien de l'ordre sont amenées à évoluer sous l'effet des aspirations à l'égalité. Sans remettre en cause la fonction des forces de l'ordre, celle-ci fait d'une réflexion critique sur les pratiques de maintien de l'ordre un élément normal de leur exercice.

Comment l'exercice de l'autorité médicale a-t-il pu constituer un vecteur de domination des femmes par la mise à distance hygiéniste des « expériences vécues du corps enceint ». À partir des conflits de savoir liés à l'expérience de la grossesse, Camille Froidevaux-Metterie met en avant la manière dont la médicalisation de l'accouchement constitue un lieu fécond pour penser les transformations de l'autorité à partir de la dynamique d'égalisation dont le féminisme est porteur.

Comment le développement les parcours de soins de la fin de vie permettent-ils d'envisager les transformations de l'autorité médicale ? En revenant sur son expérience de médecin dans une unité de soin palliatif, Michèle Levy-Soussan interroge la manière dont les pratiques et les décisions médicales sont amenées à se fonder sur le vécu du patient et de son entourage. Ces évolutions conduisent aussi à spécifier la fonction de l'autorité professionnelle médicale face aux approches utilitaristes de la médecine, ainsi qu'à envisager l'exercice collectif et coopératif de cette autorité entre les différentes spécialités médicales.

ÉDITO

JEAN-FRANÇOIS CHANET
ET CÉDRIC MOREAU DE BELLAING

LES TRANSFORMATIONS DE L'AUTORITÉ

Dans le flot des déclarations politiques, la déploration d'une crise sans cesse plus profonde de l'autorité fait désormais figure de lieu commun. Les incivilités ordinaires seraient alors les illustrations patentes d'un mal social bien plus profond qui justifierait, au nom des « demandes d'autorité » d'aller jusqu'à remettre en cause – du moins en parole – l'État de droit dont rien n'empêcherait désormais d'affirmer qu'il n'est ni « intangible ni sacré [1] ». Face à ces appels au rétablissement de l'autorité qui fleurissent sur les plateaux de télévision, il est rare que les journalistes éprouvent le besoin de demander une explicitation de ce que recouvre ladite « demande d'autorité ». Il paraît évident que l'expression renvoie au besoin d'ordre et de fermeté que l'idéologie conservatrice contemporaine prétend déceler dans son électorat et, plus largement, dans l'ensemble de la société française. Ce discours est une constante des programmes de l'extrême droite et de la droite néoréactionnaire ; il consiste fondamentalement à réduire la notion d'autorité à l'exercice d'une asymétrie de pouvoir, réifiée en cela qu'elle n'a pas vocation à être discutée et encore moins contestée, dès lors que son fondement en légitimité tient à une hiérarchie ordonnée dans l'exercice des rapports de pouvoir héritée des temps anciens.

La demande d'autorité néoréactionnaire est donc la projection d'une attente sociale dans une partie de la population, si ce n'est dans sa totalité, et un rappel à l'intangibilité d'autorités naturalisées. Certes, la liste n'en est plus aussi fournie qu'auparavant. S'y maintiennent toutefois en bonne place les relations hiérarchiques au travail, les rapports entre parents et enfants, la situation pédagogique entre enseignants et élèves ou encore les interactions entre policiers et citoyens.

La défense d'une telle conception est à l'évidence réactionnelle : les discours néoréactionnaires font ainsi volontiers de mai 68 le moment historique qui « a imposé le relativisme intellectuel et

1 — « Entretien avec Bruno Retailleau », *Le Journal du dimanche*, 28 septembre 2024. *Cf.* notamment l'intreprétation de ces propos par le sénateur LR Francis Szpiner qui a assuré qu'il y avait eu mécompréhension collective sur ce que le ministre de l'Intérieur de Michel Barnier avait voulu dire, et que les interprétations malveillantes de ces propos devaient être rapportées au fait qu'il « y a une demande d'autorité, [que] Bruno Retailleau incarne », ce qui « gêne un certain nombre de gens » (*BFM-TV*, 30 septembre 2024).

moral[2] » et fait chuter de leur piédestal les formes traditionnelles d'autorité qu'il conviendrait de restaurer. Ce qui est visé ici, c'est une conception cette fois libérale de l'autorité dont les traits principaux diffèrent indubitablement de l'approche néoréactionnaire. Le principal point distinctif est que le libéralisme produit des effets de dénaturalisation des rapports d'autorité. Non seulement leur fondement peut être discuté et révisé, mais, jusqu'à un certain point, les relations d'autorité doivent par principe susciter de la méfiance dès lors qu'elles sont susceptibles de porter atteinte aux droits de l'individu et à sa liberté. La dégradation de l'autorité en autoritarisme est de ce point de vue une préoccupation majeure du libéralisme, qui entend protéger les personnes de toute emprise injustifiée. Cette protection des individus a néanmoins un pendant, car dans le même temps une autre naturalisation s'opère. Dès lors que les membres des groupes qui composent la société globale sont prioritairement perçus comme des individus porteurs de droits (et de devoirs), les contraintes susceptibles de peser sur eux en raison de leur appartenance à des groupes sont interprétées comme des atteintes qui apparaissent de moins en moins tolérables. Une version maximaliste de la conception libérale de l'autorité tend même à voir dans toute asymétrie résultant de l'appartenance à un groupe le risque d'un rapport de domination et donc comme le lieu possible de l'autoritarisme. Si le libéralisme peut volontiers reconnaître aux individus des compétences charismatiques susceptibles de produire des effets de hiérarchisation entre personnes, il n'en va pas de même avec les normes internes des groupes sociaux et de l'État, toujours suspectes de porter atteinte à l'autonomie des personnes.

L'approche libérale de l'autorité ne se réduit pas à une vue de l'esprit[3] ; elle trouve son fondement pratique dans une évolution sociale réelle qui travaille la morphologie des sociétés. La sacralisation de la personne, la progression de l'individualisme normatif sont des effets quasi-mécaniques de l'accroissement de la division du travail. De ce point de vue, la lecture libérale de l'autorité est, dans une certaine mesure, congruente à l'évolution historique, ce qui explique, du reste, pourquoi elle suscite la dénonciation néoréactionnaire. Mais elle ne l'est que jusqu'à un certain point. Si elle épouse le mouvement social de la progression des droits subjectifs, et manifeste un certain niveau de réflexivité collective vis-à-vis des règles qui organisent les collectifs humains, elle tend aussi à jeter une suspicion générale sur le principe même de normes sociales, toujours susceptibles d'apparaître comme des obligations indues et donc politiquement condamnables. En cela, la perspective libérale entrave la compréhension d'un acquiescement à l'autorité qui résulterait de la reconnaissance d'un idéal collectif partagé au sein de groupes déterminés[4], voire à l'échelon de la société globale (et, pourquoi pas, au niveau transnational) en raison de sa propension à naturaliser la réticence individuelle au fait de l'autorité.

Face au conservatisme et au libéralisme, le socialisme a pu suivre, ces dernières décennies, plusieurs pentes, parfois teintées de libéralisme ou de conservatisme.

2 — « Nicolas Sarkozy veut "tourner la page de mai 1968" », *Le Monde*, 29 avril 2007.

3 — Pas plus, du reste, que l'approche néoréactionnaire, qui se traduit au quotidien par la déploration de la déliquescence des principes fondateurs des sociétés modernes, que ses promoteurs repèrent dans l'évolution générale des mœurs et des codes interactionnels.

4 — Cyril Lemieux, « Autorités plurielles : le cas des journalistes », *Esprit*, mars-avril 2005, p. 101-114.

La première, autonome, est la voix libertaire et autogestionnaire, qui a emprunté à l'anarchisme une attitude à la fois sociale et antiautoritaire. Celle-ci consiste à faire siennes la défense et l'extension des droits subjectifs en refusant néanmoins de les dissocier des droits sociaux. Or s'il s'agit là d'une précaution bienvenue, elle ne s'opère, dans le cas libertaire, qu'au prix d'une contradiction. Alors que le courant anarchiste combat les processus d'étatisation de la société au nom de sa veine antiautoritaire[5], il tend à méconnaître le fait que les droits subjectifs comme les droits sociaux dépendent directement du processus inverse, celui par lequel l'État se socialise toujours plus, c'est-à-dire qu'il est affecté par un nombre croissant de problèmes sociaux sur lesquels il est attendu qu'il agisse. Une deuxième pente a comme conjugué la perspective socialiste du combat pour l'émancipation avec une pathologie libérale consistant à identifier toute asymétrie à un rapport de domination. Pour cette ligne, les formes que prend le processus de différenciation sociale ne doivent être défendues qu'en leur qualité de contribution à l'émancipation individuelle vis-à-vis des multiples formes d'assujettissement qui enserrent la société globale. Ce faisant, elle tend à la fois à essentialiser les droits des individus, ignorant leurs déterminants et leurs conditions sociales, et à dépolitiser les normes collectives qui résultent de la différenciation sociale, puisqu'elles sont tendanciellement considérées comme l'expression d'une justification des rapports de domination qu'il convient de dévoiler à tout moment. Une troisième pente, enfin, a amené certaines tendances socialistes à se conjuguer à l'idéologie réactionnaire pour naturaliser une autorité républicaine, rapidement devenue synonyme d'ordre public, devant s'imposer coûte que coûte, sans considération pour les normes des groupes sociaux qui forment la société globale.

Pourtant, il existe toujours une dernière modalité, celle à proprement parler d'un socialisme du présent[6]. Celle-ci commande de se défaire de toute évaluation morale de la question de l'autorité en substituant à son approche générale une interrogation sur ses fondements sociaux et historiques. Autrement dit, elle enjoint de repartir des enquêtes sur ce qui a été transformé *réellement* par l'évolution historique dans l'exercice des relations d'autorité[7]. C'est l'ambition du présent numéro : renoncer à une posture d'emblée morale au profit d'une analyse fondée sur les sciences sociales des transformations sociales à l'œuvre dans le rapport à un ensemble de relations d'autorité. Un fait saillant de cette transformation est ainsi l'accroissement des demandes d'autonomie et des exigences de protection des individus de toute emprise injustifiée. Faut-il pour autant en conclure qu'il y a là une crise de l'autorité ? Ne peut-on pas y voir davantage une évolution des processus de légitimation qui renforce la distinction entre le pouvoir et l'autorité, en soumettant cette dernière à un exercice critique constant, fondé sur l'attachement aux principes démocratiques ? L'autorité ne disparaîtrait donc pas mais deviendrait plus exigeante dans sa justification et par conséquent plus assurée dans ses fonctions.

Une telle perspective conduit-elle à s'aveugler quant à la portée des

5 — Ce qui ne signifie pas qu'il n'y aurait pas de pensée anarchiste de l'autorité ; c'est au contraire un enjeu important, par exemple dans l'œuvre de Mikhaïl Bakounine.

6 — Cyril Lemieux, « Quel est l'avenir du socialisme ? », *Germinal*, 7 (2), 2023, p. 32-45.

7 — Pierre Karila-Cohen, « L'autorité, objet d'histoire sociale », *Le Mouvement social*, n°224, 2008/3, p. 3-8.

demandes d'autorité qui s'expriment dans la société et dont certaines appellent explicitement à abandonner ces dispositions critiques au profit d'un exercice autoritaire du pouvoir ? S'il est possible de dire que les relations d'autorité sont de plus en plus soumises à demande de justification et à démonstration de leur fondement au regard des normes collectives, cette évolution vers des formes plus distanciées d'exercice de l'autorité suscite également, en réaction, des approches naturalisées de l'autorité et des exigences de respect inconditionnelles. Paradoxalement, le besoin de justification publique de l'autorité peut déboucher sur des aspirations et des propositions autoritaires. Il en va ainsi des tendances complotistes qui invitent à remettre en cause toute autorité issue de la différenciation sociale et qui, de ce fait, inclinent à des options autoritaires perçues comme les seules à même de réordonner les rapports sociaux.

De ce point de vue, seule la réaffirmation d'une conception socialiste de l'autorité, entendue comme le point de vue politique récipiendaire des transformations sociales déjà à l'œuvre, que les sciences sociales permettent d'éclairer, semble en mesure de fournir une compréhension effective des rapports contemporains d'autorité. Telle est la voie d'émancipation de l'alternative entre la litanie réactionnaire de l'effondrement de l'autorité qu'il faudrait restaurer et la naturalisation libérale de la méfiance vis-à-vis de toute norme sociale.

Pour avancer dans cette direction et identifier le contenu positif de légitimation de l'autorité démocratique qui se dégage des pratiques sociales, le présent numéro propose d'envisager les transformations de l'autorité en mettant en relation l'émergence de dispositions critiques vis-à-vis de l'autorité non pas comme une remise en cause de son principe mais comme une demande d'autorité démocratique. À partir d'une approche de la démocratisation de l'assistance sociale, des assurances sociales et, bien sûr de l'école – qui peuvent apparaître à première vue comme autant d'institutions de contrôle social –, le numéro tâche de lier les transformations de l'autorité aux conditions institutionnelles de la démocratisation. Les aspirations à la restauration d'une autorité entendue comme l'exercice sans entrave d'un pouvoir sont ensuite envisagées comme une réaction à la dynamique de démocratisation, comme en témoigne par exemple le recours à la figure du chef dans les théories managériales technocratiques de l'entre-deux-guerres en Allemagne. Enfin, des témoignages de praticiens sur l'exercice de la médecine palliative ou les fonctions pénales et éducatives des juges des enfants ainsi que la discussion de travaux de sciences sociales sur la réappropriation féministe du rapport au corps dans l'acte médical, les conflits normatifs liés aux techniques de maintien de l'ordre ou encore les pédagogies alternatives, s'attachent à identifier les lieux d'émergence contemporaine d'une conception socialiste de la responsabilité.

Au fil de ces travaux, se dégage l'idée que, sous l'effet de la critique, l'exercice de l'autorité se distingue nettement du simple pouvoir et de la domination. Si cette disposition critique rend nécessairement mouvant le concept d'autorité, elle permet toutefois d'en dégager certains critères de légitimité, qu'il s'agisse de sa fonction pédagogique, de la coordination des pratiques sociales ou du respect des principes démocratiques et des obligations qui en procèdent.

Loin de disparaître sous le coup de la critique, l'autorité s'en trouve renforcée. Plutôt que le lieu de la déploration d'un passé regretté, les transformations contemporaines du rapport à l'autorité apparaissent comme un vecteur institutionnel d'émancipation.

ENTRETIEN

MARION FONTAINE ET CHRISTOPHE PROCHASSON

LA CRITIQUE SOCIALISTE DE L'AUTORITÉ ET SA REFONDATION

© DR

Historien et directeur d'études à l'EHESS (Cespra), Christophe Prochasson a également été recteur de l'académie de Caen (2013-2015), conseiller du président de la République pour l'Éducation (2015-2017) et président de l'EHESS (2017-2022). Ses travaux portent notamment sur l'histoire intellectuelle du socialisme français et sur la Première Guerre mondiale. Il est membre du comité de rédaction de la revue *Germinal*.

Historienne, professeure des université au centre d'histoire de Sciences Po, Marion Fontaine est spécialiste d'histoire du travail et de la désindustrialisation. Elle est membre du comité de rédaction de la revue *Germinal*.

Les transformations morphologiques et la réorganisation des rapports socio-économiques que connaît la société française au XIXe siècle ont induit des évolutions significatives dans les formes de légitimation sociale des relations d'autorité. Comment le socialisme naissant s'en saisit-il ? Dans quelle mesure peut-on considérer qu'il est l'une des expressions politiques de cette transformation ?

Marion Fontaine : La dynamique d'industrialisation, avec la transformation du travail et des rapports sociaux qu'elle entraîne, bouleverse en effet à la fois les modes de légitimation traditionnelle de l'autorité, et les modalités de son exercice. La deuxième moitié du XIXe siècle se caractérise, sous cet angle, par une crise manifeste des formes de patronage, des relations anciennes entre seigneurs et paysans, maîtres et serviteurs, et par la remise en cause, notamment dans le nouveau monde usinier, des modalités d'expression des formes de supériorité sociale des propriétaires des moyens de production. Cela conduit à l'émergence de tout une série de réactions et de réflexions patronales, visant à conforter l'autorité sur les masses ouvrières, via d'abord le paternalisme, puis l'émergence des techniques d'organisation du travail et de management (taylorisme). Mais ces positions sont aussi concurrencées par une réponse proprement socialiste, qui s'exprime, comme le plaide par exemple Jean Jaurès, dans l'objectif de fondation de collectifs de travail qui suivraient les consignes de chefs librement choisis. On ne trouve pas trace, chez Jaurès, de rejet de l'idée intrinsèque de l'autorité ; celle de l'ingénieur, fondée sur ses compétences techniques, est tout à fait reconnue. C'est en revanche le mode de désignation de celles et ceux qui occupent des positions d'autorité qui fait débat, le mouvement ouvrier réclamant que celui-ci s'effectue en fonction des vœux du monde du travail. La réponse aux transformations des rapports d'autorité du point de vue du mouvement ouvrier est donc avant tout démocratique, avec une visée émancipatrice. Mais, comme l'historien Jacques Julliard, par exemple, l'a montré, il y a aussi en parallèle une tendance profonde, dans la culture ouvrière, au refus de l'autorité instituée (celle du patron, de l'Église, de l'État). Le socialisme libertaire, ou anarchisme, serait l'émanation de cette tendance profonde, de cette contestation résolue d'une autorité perçue comme essentiellement arbitraire et tournée contre les ouvriers.

Christophe Prochasson : Si on prend le mouvement socialiste dans sa forme politique, les choses se présentent un peu différemment. Il me semble que la question d'autorité ne s'est jamais posée de façon aussi claire chez les socialistes. Le socialisme est d'abord une doctrine qui s'attache à redéfinir les modalités de redistribution des richesses et qui pose la question fondamentale de la propriété. Évidemment, en filigrane, se joue la question de l'autorité, puisque la propriété engage et suppose un lien d'autorité sociale. Mais la dimension politique induite par la transformation des rapports sociaux d'autorité n'a longtemps pas été pensée en ces termes chez les socialistes. Elle intervient principalement, à mon sens, dans le sillage de Mai 68. C'est vraiment à ce moment-là que la question se pose dans toute son acuité, comme d'ailleurs la question plus générale de la qualité du travail.

MF : La question de l'autorité est aussi posée par le truchement d'interrogations pratiques, par exemple lors des grèves qui remettent en cause l'autorité, jugée injuste, des « petits chefs » ou qui s'insurgent contre l'autoritarisme patronal.

CP : Oui, de ce point de vue, il importe de noter les différences existant entre le mouvement ouvrier et la pensée socialiste dans son ensemble. Car si la politisation des rapports d'autorité par les socialistes intervient au cours de ce que l'on a appelé le « moment autogestionnaire » dans les années 1960-1970, elle est engagée bien plus tôt par les anarchistes, dès la fin du XIXe siècle. Mais ce n'est pas alors le cas du socialisme démocratique, pour qui la priorité, encore une fois, était donnée à la forme à venir de la propriété, à la redistribution et à la communauté des biens. La question de l'autorité n'est par exemple pas centrale chez Marx, même si elle est évidemment sous-jacente dans les analyses qu'il développe dans ses écrits historiques. De même, elle ne l'est pas chez Saint-Simon. Chez les saint-simoniens, la critique des élites ne visait pas à dénoncer l'existence des pouvoirs mais bien leurs dysfonctionnements. Il y a quelque chose qui, chez les socialistes, a ralenti la pensée sur cette question de l'autorité, on y reviendra sans doute.

MF : Même dans le mouvement coopératif, où la question de l'autorité se pose régulièrement (qui est légitime pour gérer et organiser, dans une coopérative de production ?), cela reste de l'ordre de controverses et des micro-conflits pratiques, sans qu'un processus d'idéation survienne dans la pensée socialiste.

CP : C'est avec la pensée autogestionnaire, qui se présente comme une critique des formes de l'autorité patronale traditionnelle au sein de l'entreprise, que les rapports d'autorité se trouvent politisés dans une perspective socialiste : il s'agit alors de défendre l'idée que le pouvoir dans l'entreprise doit être confié à des conseils ouvriers et que les transformations sociales profondes qu'une telle réorganisation aboutiront, progressivement, à la désagrégation de l'appareil d'État. Dans les entreprises, les ouvriers pourront imposer leur ligne, l'État disparaîtra et tout fonctionnera de façon lisse et horizontale.

Comment expliquer ce caractère tardif de la formalisation de la thématique des rapports d'autorité dans la pensée socialiste au regard de la manière dont le mouvement ouvrier, le mouvement coopératif et les anarchistes s'y sont très tôt confrontés?

CP : En France, l'une des principales expériences historiques où a été repensée la question de l'autorité, c'est la Commune. Mais elle n'a pas fait modèle. La raison pour laquelle le socialisme français peine à la thématiser, c'est le fait républicain et, au-delà, la Révolution française. Pour les révolutionnaires, il n'existe pas de liberté sans obéissance aux lois. Dans le Rapport posthume de Lepeltier de Saint-Fargeau présenté par Robespierre devant la Convention le 13 juillet 1793, on lit ainsi : « Je n'attache pas un moindre prix à l'habitude d'une austère discipline. Souvenons-nous que nous élevons des hommes destinés à jouir de la liberté, et qu'il n'existe pas de liberté sans obéissance aux lois. [...] Ployés tout le jour et tous les instants sous le joug d'une règle exacte, les élèves de la patrie se trouveront tout formés à la sainte dépendance des lois et des autorités légitimes. » Le principe d'autorité ne saurait être contesté en tant que tel puisqu'il est un garant même de la possibilité que la République advienne. Et cet attachement à un certain type d'autorité comme vecteur d'émancipation collective se retrouve pleinement dans le socialisme républicain. Comme l'affirme le philosophe Alphonse Darlu, face au critique conservateur Brunetière, « dans le domaine de la vérité, il ne peut y avoir d'autre autorité que la raison ».

MF : Mais cette valorisation de l'autorité n'implique pas la docilité. Jules Ferry critique avec force l'autorité des dieux, des dogmes, des préceptes qui devraient s'appliquer sans qu'ils aient à être expliqués. L'autorité monarchique est évidemment visée, mais plus encore, c'est l'autorité cléricale qui constitue la cible principale de la dénonciation de cette autorité-là. Mais ce n'est effectivement pas

« SI LA POLITISATION DES RAPPORTS D'AUTORITÉ PAR LES SOCIALISTES INTERVIENT AU COURS DE CE QUE L'ON A APPELÉ LE "MOMENT AUTOGESTIONNAIRE" DANS LES ANNÉES 1960-1970, ELLE EST ENGAGÉE BIEN PLUS TÔT PAR LES ANARCHISTES, DÈS LA FIN DU XIXe SIÈCLE. »

« CE QUI N'A PAS ÉTÉ PENSÉ PAR LE COURANT AUTOGESTIONNAIRE, C'EST QUE SI L'ÉTAT DISPARAÎT, DES FORMES D'AUTORITÉ NOUVELLES ÉMERGERONT; IL EST MÊME PROBABLE QU'ON EN ARRIVE À DES FORMES BIEN PLUS AUTORITAIRES. »

le principe de la notion même d'autorité puisqu'elle est obligatoirement impliquée dans le projet républicain.

CP : Pour ce qui concerne plus spécifiquement les doctrines socialistes, la question de l'autorité semble pouvoir être résolue par l'émancipation collective. Cela a, du reste, pu avoir des effets tout à fait néfastes dans certaines situations réelles : nombreux étaient ceux qui estimaient qu'il suffisait d'établir le socialisme pour faire disparaître les autoritarismes, ce qui a pu conduire à laisser prospérer des formes renouvelées d'autorité qui ont étouffé les objectifs de justice sociale et d'émancipation. Ce déficit de formulation théorique dans la pensée socialiste tient à la certitude que tout était possible ; cela a alors facilité, dans certaines circonstances sociales et historiques, une surdétermination du politique et de la prise en main de l'État comme strict appareil de gouvernement, et bientôt de surveillance. Les dérives totalitaires du socialisme en ont peut-être été les conséquences.

MF : Ceci étant, les socialistes ont produit de la réflexion quant aux formes légitimité d'autorité. Léon Blum par exemple, dans l'immédiate après-guerre, en 1918, réfléchit à la manière de concilier la vie démocratique et l'efficacité par l'autorité de l'action gouvernementale. La question se pose évidemment en pratique au moment du Front Populaire en 1936. Mais l'expérience est très éphémère, et n'entraîne pas de toute façon de débat général sur les formes d'autorité dans la société. S'il faut attendre le moment autogestionnaire des années 1968, c'est parce qu'à ce moment-là, l'autorité fait effectivement débat, pose problème dans la société globale, aussi bien à l'usine que dans la famille ou à l'Université par exemple.

CP : Mais ce qui n'a pas été pensé par le courant autogestionnaire, c'est que si l'État disparaît, des formes d'autorité nouvelles émergeront ; il est même probable qu'on en arrive à des formes bien plus autoritaires. La réception de l'expérience historique de la Yougoslavie est de ce point de vue exemplaire. Un des arguments avancés par ceux qui défendaient l'autogestion au sein de la CFDT et du PS au sujet du modèle yougoslave, c'est que son échec tenait au fait que le principe autogestionnaire avait été forcé en s'appliquant à une société foncièrement rurale attachée à de fortes traditions. Preuve que l'autogestion était pensée comme possible dans des conditions sociales et historiques particulières, qui correspondaient aux sociétés industrialisées et à forte division du travail.

MF : À ce titre, le contraste principal, de ce point de vue, entre le début des années 1900 et les années 1970, c'est ce qui fait ou ne fait pas débat : au début du siècle, nombre de rapports d'autorité (le mari sur la femme, le père sur la famille, le maître sur l'élève) ne sont pas significativement considérés comme problématiques, y compris du point de vue de l'horizon émancipateur du socialisme. Les choses se présentent tout autrement dans les années 1970 : l'évolution de l'organisation sociale avait rendu possible, voire nécessaire, la critique de type de rapports d'autorité tendanciellement devenus illégitimes, ou au moins discutables.

CP : Absolument, il convient de prendre en compte les effets profonds de la démocratisation des sociétés mais avec des variations selon les configurations nationales. En Allemagne comme en Grande-Bretagne, chez les socialistes, la question de l'autorité est encore moins considérée qu'en France. La critique de l'autorité n'occupe pas le centre des préoccupations du socialisme allemand non seulement en raison de l'importance qu'y occupe le marxisme, mais aussi en raison des contraintes qui pèsent sur le mouvement, en particulier la nécessité de la clandestinité. Et du côté de la Grande-Bretagne, le travaillisme, empreint de libéralisme, a un rapport moins conflictuel avec le principe de l'autorité.

MF : Oui, les Fabiens [groupe socialiste réformiste britannique], illustrés en particulier par Sydney et Beatrice Webb, manifestent même assez tôt un intérêt pour l'autorité en général et pour sa modalité spécifique dans l'organisation du travail qu'est le taylorisme. L'autorité technique, voire technocratique, peut être nécessaire pour atteindre l'objectif modernisateur et émancipateur, et elle n'est donc pas critiquée ; elle est même souhaitée d'une certaine manière.

Si le socialisme français transporte un rapport ambivalent à l'autorité, sans hostilité de principe mais en revanche irrigué par les pratiques sociales concrètes dans lesquelles des critiques des rapports d'autorité surviennent, qu'en est-il de la pensée socialiste des institutions dont le fonctionnement ordinaire repose, a minima, sur la reconnaissance d'une asymétrie potentiellement constitutive d'une relation d'autorité?

CP : Incontestablement, l'école constitue, sous ce rapport, un enjeu central. Chez les socialistes, il faut bien admettre que l'approche de l'éducation a longtemps été plutôt traditionnelle, peu innovante. Et ce d'autant que les enseignants constituaient, avec les ouvriers, le socle social du socialisme. De ce point de vue, il est intéressant de relever que les pédagogies innovantes ne sont pas nées dans le giron du socialisme, sauf peut-être pour Célestin Freinet, qui a adhéré au PCF, mais dont la trajectoire est pour le moins sinueuse. Le socialisme des professeurs ne conteste guère le rapport pédagogique traditionnel.

MF : Un penseur comme Jaurès par exemple interroge très peu ce rapport, même si l'école républicaine suppose à ses yeux, comme pour d'autres penseurs républicains, que le fondement de l'autorité soit la raison, ce qui introduit tout de même un décalage par rapport aux modes traditionnels d'apprentissage. Jaurès défend aussi une conception de l'enfant comme un être de raison en devenir et non comme un support passif prêt à recevoir toute sorte de savoir, quelle que soit son orientation

CP : Tout à fait, pour les socialistes, l'autorité du professeur n'est pas dogmatique, il n'assène pas de vérité révélée mais tout de même : les savoirs qu'il transmet ne souffrent guère de contestation. Ce n'est pas le séminaire de recherche d'aujourd'hui ! Au cœur du dispositif se tient le maître, et l'autorité affleure dès la désignation de cette fonction sociale. Elle n'est pas mise en cause. Péguy défendait d'ailleurs cette forme d'autorité fondée sur le savoir à transmettre (ce qu'il appelait « l'autorité de compétences » qu'il distinguait de « l'autorité de commandement » appuyée sur le seul statut social et qui s'impose par la force). Or cet attachement à l'autorité professorale, aussi indispensable puisse-t-il être dans la transmission des connaissances, est demeuré peu discuté jusqu'à aujourd'hui. La réforme Peillon du 8 juillet 2013 qui interrogeait la pratique pédagogique traditionnelle du maître tout-puissant dans sa classe en l'associant à des acteurs extérieurs, comme la réforme du collège mise en œuvre par Najat Vallaud-Belkacem, en appelant à l'intensification des collaborations entre enseignants par la pratique interdisciplinaire se sont heurtées à de fortes résistances qui ne venaient pas toutes de la droite.

Sur les questions institutionnelles, un autre domaine que l'éducation mérite d'être soulevé : celui du rapport des socialistes à l'armée. Dans L'Armée nouvelle, ouvrage publié en 1911, Jaurès appelle à un rapprochement entre l'armée et la société, preuve que tous les socialistes n'étaient pas hostiles par principe au fait militaire. Chez Marc Bloch, longtemps proche des socialistes et fidèle à la gauche, dans un passage de L'étrange défaite, on peut trouver, à mon sens, ce qui se rapproche le plus d'une pensée socialiste de l'autorité : « "On ne sait plus punir dans l'armée française", disaient, parfois, mes jeunes camarades de l'active. Formule, sans doute, un peu brutale. Mais la crise d'autorité qu'elle exprimait n'est pas contestable. Elle demande, seulement, à être analysée de plus près. » Bloch s'engage ensuite dans une réflexion relative à l'exercice de l'autorité au sein de l'armée. Il y cherche les voies d'une « équitable et souple fermeté, aussi éloignée du désordre – dont, personnellement, (il) abhorre l'image – que des absurdes brimades du légendaire "chien de quartier" ». Et il ajoute : « C'est un beau métier que celui de commandant de compagnie, de bataillon ou de régiment, quand il est noblement exercé, à la française [...] Que, malheureusement, le gouvernement des hommes n'ait pas été pratiqué, partout, avec autant de mesure et d'humanité intelligente, certains rapports dignes de foi, m'en donnent l'assurance. Il y a deux mots que je voudrais voir rayés du vocabulaire militaire : ceux de "dressage" et de "mise au pas". [...] Pratiquement, la "mise au pas" se confond presque toujours avec le respect imposé de formes extérieures, dont la valeur n'est pas niable, quand elles servent d'expression à une discipline plus profonde, mais qui ne sauraient être exigées avec profit si, en même temps, un courant de confiance n'a su être créé, assez fort que, chez presque tous, l'observance de ces gestes de déférence n'en naisse. Je consens qu'on "dresse" l'homme ; mais ce ne saurait être sans se tourner vers l'homme tout entier, que les vrais chefs savent bien comment prendre[1]. »

1 — Marc Bloch, « L'étrange défaite », *in L'Histoire, la Guerre, la Résistance*, édition établie par Annette Becker et Étienne Bloch, Paris, Gallimard, Quarto, 2006, p. 589-592.

Ce qui est frappant dans ce passage, c'est qu'il s'agit d'une pensée qui naît de la pratique. L'historien a affronté deux guerres mondiales, et il cherche à faire de son expérience une théorie de l'autorité militaire en démocratie. Un sacré exercice réflexif qui vaut aussi pour une pensée socialiste plus générale de l'autorité.

Réalisé par
Cédric Moreau de Bellaing

NATHAN CAZENEUVE

L'ÉCHEC DE LA PORTÉE AUTORITAIRE DU « SOCIALISME D'ÉTAT » BISMARCKIEN ET LA DÉMOCRATISATION PAR LES ASSURANCES SOCIALES

Dans l'histoire des États sociaux européens, l'institution des assurances sociales allemandes par les lois de 1883 pour la couverture maladie, de 1884 pour les accidents du travail et de 1889 pour les pensions invalidité-vieillesse occupe une place particulière. Il s'agit du premier système national obligatoire d'assurances sociales institué par un régime autoritaire, hostile à la démocratisation politique, et conçu comme un instrument de contrôle social visant notamment à limiter la mobilisation syndicale et sociale-démocrate. Cela signifie-t-il que la formation de l'État social a effectivement été une expression des tendances autoritaires de l'Empire allemand ?

Au contraire, il est possible de voir dans les pratiques de mutualisation et d'organisation paritaires, sur lesquelles s'est appuyée la mise en œuvre du système national des assurances sociales et qu'il a contribué à nourrir, une expression de la dynamique de démocratisation sociale à l'œuvre dans la société allemande. Au-delà de sa fondation politique d'inspiration autoritaire, l'État social allemand a constitué une manifestation institutionnelle de l'évolution du rapport à l'autorité produit par la démocratisation sociale. Ce rapport peut se caractériser par la mise à distance critique de l'autorité au travers d'un critère de légitimité de son exercice fondé sur les fonctions de coordination entre des groupes sociaux dont les rapports tendent à s'égaliser. L'émergence de l'État social allemand est alors révélatrice de la portée de la démocratisation sociale dans la transformation du rapport à l'autorité dont les aspirations à la démocratisation politique sont une manifestation, ce que le caractère autoritaire du régime permet de mettre en évidence.

« L'État social allemand a constitué une manifestation institutionnelle de l'évolution du rapport à l'autorité produit par la démocratisation sociale. »

L'AUTORITARISME COMME RÉACTION **À LA DÉMOCRATISATION**

Afin de se prononcer sur la portée autoritaire du système des assurances sociales allemandes, il convient de rappeler brièvement leur contexte politique. Celui-ci conduit à envisager l'autoritarisme bismarckien comme une réaction à la démocratisation de la société visant à limiter la démocratisation politique afin de tâcher de préserver le contrôle des institutions politiques par l'aristocratie dans un contexte de poussée du libéralisme et d'organisation ouvrière.

À l'issue des soulèvements libéraux et populaires de 1848 et de l'échec du projet d'unification nationale au travers d'institutions parlementaires démocratiques porté par les libéraux et radicaux du « Parlement de Francfort », la Prusse se dote d'une constitution établissant un régime censitaire[1]. La consti-

1 — Sur l'histoire constitutionnelle allemande, *Cf.* Jacky Hummel, *Le constitutionnalisme allemand (1815-1918) : Le modèle alle-*

tution du 31 janvier 1850 entérine un système bicaméral dont la chambre des députés élue au suffrage universel mais inégalitaire, organisé sur la base de la division du corps électoral en trois classes définies par niveau d'imposition. Chacune des classes représente un nombre identique de voix pour un nombre inégal de votants. Sur la période d'application de ce système électoral, la première classe rassemblait en moyenne 4 % de la population et la troisième classe entre 80 et 85 %. Dans les institutions issues de la constitution de 1850, les ministres n'étaient pas responsables devant la chambre mais devant le roi qui devait sanctionner tout texte législatif et le budget était voté en bloc.

« Avec la mise en œuvre du projet de "petite Allemagne" unifiée autour de la Prusse, Bismarck a divisé les libéraux. »

Malgré le caractère limité de la démocratisation politique, les libéraux s'attachent à promouvoir une pratique parlementaire des institutions. Leur opposition à la réforme de l'armée conduit à une crise constitutionnelle dans la première moitié des années 1860 qui conduit à l'arrivée au pouvoir de Bismarck dans une situation où le gouvernement a engagé des crédits non votés par le Parlement pour financer sa réforme militaire. En 1864, une intervention militaire prussienne et autrichienne face au Danemark dans le Schleswig-Holstein conduit à la mise sous administration prussienne du Schleswig et autrichienne du Holstein. Dans une situation du blocage politique interne, Bismarck engage une offensive militaire contre le Holstein en 1866 qui se trouve, à l'issue de la victoire de Sadowa contre l'Autriche le 3 juillet 1866, rattaché à la Prusse. Le conflit met fin à la Confédération germanique le 18 août 1866 et entraîne la formation de la Confédération de l'Allemagne du Nord.

Avec la mise en œuvre du projet de « petite Allemagne » unifiée autour de la Prusse, Bismarck a divisé les libéraux en promettant un État fédéral doté d'une assemblée nationale élue au suffrage universel, autant qu'il a renforcé le camp conservateur qui sort victorieux des élections législatives de 1867. Les libéraux se divisent en novembre 1866 avec la scission d'une composante favorable au programme national bismarckien qui forme le parti « national-libé-

mand de la monarchie limitée, Paris, PUF, 2002. Pour une histoire politique, *cf.* Jacques Droz, *La formation de l'unité allemande. 1789-1871*, Paris, Hatier, 1970 ; Michel Kerautret, *Histoire de la Prusse*, Paris, Seuil, 2005 ; Heinrich A. Winckler, *Histoire de l'Allemagne, XIXe-XXe siècle. Le long chemin vers l'Occident*, Paris, Fayard, 2005.

ral ». Parmi les conservateurs, les partisans de Bismarck se réunissant au sein du « parti conservateur libre ».

Rapporté au contexte politique interne et aux tendances sociales liées à l'industrialisation rapide que connaît la Prusse à partir des années 1850, la stratégie d'union nationale autour de la Prusse, réalisée militairement et par le haut, peut être considérée comme un moyen d'affaiblir les libéraux autant que de réaffirmer la puissance de l'aristocratie terrienne par le renforcement d'un État militaire et autoritaire. La stratégie militaire et nationale bismarckienne apparaît ainsi comme la composante d'une politique sociale visant à limiter l'égalisation des rapports de classe en renforçant le pouvoir politique de l'aristocratie terrienne et militaire[2].

Au niveau politique, la Constitution de la Confédération d'Allemagne du Nord d'avril 1867 constitue le fondement de l'ordre politique allemand, jusqu'en 1918, celle-ci ayant servi de base à la Constitution de l'Empire allemand adoptée en 1871. Le Parlement fédéral est élu au suffrage universel direct mais le gouvernement n'est pas responsable devant le Parlement et la chambre haute fédérale, le *Bundesrat* est composé de représentants des différents États et est dominé par la Prusse où continue à s'appliquer le système des trois classes. Chancelier d'Empire, Bismarck mène une politique de répression de la social-démocratie et de censure du débat public dont les « lois anti-socialistes », en vigueur de 1878 à 1890, constituent un des principaux instruments par l'interdiction des organisations socialistes.

Cette politique de division de l'opposition libérale et de répression des organisations sociales-démocrates s'accompagne de la mise en œuvre d'une politique économique qui tâche de concilier les intérêts pourtant contradictoires de l'aristocratie agraire et de la grande industrie. Au cours du siècle, l'aristocratie agraire a vu son pouvoir économique se développer sous l'effet de la concentration des terres rendue possible par les réformes agraires libérales du début du siècle. L'édit du 9 octobre 1807 (*Oktoberedikt)* met fin au servage et libéralise la vente des terres. L'édit de régulation (*Regulierungsedikt*) du 14 septembre 1811 supprime les corvées et services à la condition de leur rachat. Le rachat des terres cultivées par les paysans impliquait d'en céder le tiers au seigneur en cas

2 — Cette thèse est notamment avancée par Hans-Ulrich Wehler, *The German Empire. 1871-1918*, Oxford, New York, Berg, 1985 [1975], p. 28 : « This war, therefore, served a dual function. It was intended not only as "a war of unification to round off the process begun by the Prussian war of secession in 1866". It was intended, too, to cut short the fundamental political and social crisis of the Prussian military monarchy as "a preventive war to achieve integration in internal politics". This unification of Germany "by the sword" and the overcoming of her internal problems by means of war had already been forecast as Prussias's mission by Clausewitz. »

de tenure héréditaire et la moitié si elle était viagère[3]. Il convient de noter que ces réformes se présentent comme une évolution portée par l'aristocratie, sous l'effet de l'action réformatrice de sa composante administrative, qui contribue à substituer comme fondement du pouvoir de l'aristocratie, la puissance économique agraire aux prérogatives des états (*Stände*) de la société d'ordre.

L'historien Hans-Ulrich Wehler a ainsi mis en évidence l'importance des conséquences économiques des réformes de libéralisation agraire pour l'aristocratie : l'émancipation des serfs par la vente de terres et les paiements en espèces a conduit à l'agrandissement des domaines[4]. La petite propriété agricole a reculé ce qui a contribué à la formation d'un salariat agricole et à la mobilité de la main-d'œuvre. L'évolution est significative puisqu'entre 1811 et 1890, à l'est de l'Elbe la surface des grands domaines a augmenté de deux tiers et les terres cultivées doublent. L'État a également développé le crédit public afin de financer le développement de l'agriculture et le rachat de leurs obligations de service par les paysans par la dette[5]. Face à la croissance de la productivité agricole et de la taille des domaines, l'aristocratie agraire s'est montrée favorable, dans la première moitié du siècle, à la libéralisation du commerce afin d'exporter la production agricole.

La fin de la décennie 1870 marque le terme de cette dynamique de renforcement de la puissance économique de l'aristocratie agraire. La production agricole américaine et russe connaît un important développement porté par les exportations qui entament la compétitivité de l'agriculture allemande. L'évolution est telle que l'Empire allemand devient importateur net de céréales et que les revenus agricoles se situent en 1878 à un niveau inférieur à celui de 1872, au moment où l'industrie devient le premier secteur d'activité économique. Les grands exploitants agricoles obtiennent alors l'application d'importants tarifs douaniers en 1879 – renouvelés jusqu'en 1887 – qui engendrent une augmentation du coût des denrées alimentaires supportée par les classes populaires. Cette politique rencontre l'opposition des industriels qui s'y rallient cependant en raison de l'adoption d'une politique douanière protectionniste pour l'industrie. En matière de politique économique, Bismarck mène donc une politique de conciliation des intérêts de l'aristocratie agraire et des grands industriels.

3 — Jacques Droz, *Le romantisme allemand et l'État. Résistance et collaboration dans l'Allemagne napoléonienne*, Paris, Payot, 1966, p. 227.

4 — *Cf.* Hans-Ulrich Wehler, *The German Empire, 1871, 1918*, chap. 1, "The configuration of 1871: the Agrarian Revolution, the Industrial Evolution and the Founding of the State", sur lequel s'appuient ces quelques lignes.

5 — *Ibid.*, p. 11-13 ; les banques Schaffhausen et Oppenheim développent une importante activité de crédit pour racheter les rentes féodales en Rhénanie, *cf.* Jacques Droz, *Les révolutions allemandes de 1848*, Paris, PUF, 1957, p. 81.

Cette « alliance du blé et des hauts fourneaux » constitue le socle social du régime bismarckien et doit être envisagée dans un contexte où l'industrialisation conduit à renforcer le poids du prolétariat industriel et de la petite et moyenne bourgeoisie[6]. La tendance autoritaire du régime peut alors être rapportée à une réaction face à la démocratisation sociale et à ses conséquences politiques[7]. En témoignent notamment les justifications de la politique militariste de la fin du siècle comme une réponse au développement de la social-démocratie. L'amiral Von Tirpitz, ardent promoteur de la *Weltpolitik*, voyait ainsi dans la construction d'une importante flotte militaire un « puissant palliatif contre les sociaux-démocrates éduqués ou non[8] ».

L'ÉCHEC DE LA PORTÉE AUTORITAIRE DES **ASSURANCES SOCIALES ALLEMANDES**

C'est dans ce contexte de limitation de la démocratisation politique, de répression de la social-démocratie et d'une politique économique favorable aux intérêts de la bourgeoisie industrielle et des grands propriétaires terriens, que s'inscrit l'institution d'un système national obligatoire d'assurances sociales. Le programme d'élaboration d'un système national d'assurance social est engagé par les débats initiés autour de la révision du régime de responsabilité civile en matière d'accidents du travail, et poursuivi par un projet d'assurance maladie, adopté en 1883.

Les débats liés à l'institution du système assurantiel voient s'opposer plusieurs perspectives. Si le conseiller de Bismarck, Theodor Lohmann, est favorable à une politique d'encouragement par l'État d'une couverture mutualiste inspirée des *friendly societies* fondée sur la cotisation ouvrière, Bismarck met au contraire en avant un projet de financement des assurances par l'impôt au travers d'une taxe sur le tabac et les produits de luxe et son administration par l'État. Cette perspective souligne la fonction politique que Bismarck accordait aux assurances sociales : celle d'attacher les classes populaires au *Reich* par les prestations sociales et de « produire cet esprit conservateur, dans la

6 — Pour une présentation du processus d'industrialisation en Allemagne, Alan Milward, S. B. Saul, *The Economic Development of Continental Europe 1780-1870*, Londres, Routledge, 2012 [1973] ; Sheilagh Oglivie, « Aux origines de l'industrialisation en Allemagne », in *Revue d'Allemagne et des Pays de langue allemande*, T. 40-1, 2008, p. 11-52 ; Knut Borchardt, *The Industrial Revolution in Germany*, Londres, Fontana, 1972.

7 — Pour une perspective générale d'histoire sociale sur les rapports entre classes, *cf.* Hans-Ulrich Wehler, *Essais sur l'histoire de la société allemande, 1870-1914*, Paris, Éditions de la Maison des sciences de l'Homme, 2003 (extraits de *Deutsche Gesellschaftsgeschichte*) et Norbert Elias, *Les Allemands*, Paris, Seuil, 2017.

8 — Cité par Hans-Ulrich Wehler, *op. cit.*, p. 165.

grande masse des dépossédés, que le droit à la pension porte avec lui[9] » et qu'il qualifie de « socialisme d'État ». Dans une lettre à son ministre du Commerce datée du 21 octobre 1871, Bismarck affirme que « le seul moyen de contenir les égarements actuels de la classe ouvrière, c'est de réaliser celles des exigences des socialistes qui apparaissent légitimes et réalisables en l'état présent de l'ordre étatique et social[10] ». Les assurances sociales obligatoires apparaissent donc à Bismarck comme un moyen d'endiguer la poussée pourtant engagée de la social-démocratie dans un contexte de forte industrialisation et de fluctuations économiques.

« Cette perspective souligne la fonction politique que Bismarck accordait aux assurances sociales : celle d'attacher les classes populaires au *Reich*. »

Malgré les intentions de Bismarck, plusieurs éléments conduisent à remettre en cause l'interprétation de l'institution des assurances sociales comme des institutions autoritaires qui auraient entravé la démocratisation.

En premier lieu, le développement des pratiques de mutualisation liées aux interruptions de travail est antérieur à l'institution d'un système national obligatoire d'assurance sociale[11]. Dans la seconde moitié du XIXe siècle, les caisses syndicales se développent, de même que les caisses d'entreprise et municipales. À titre d'exemple, en 1877, les syndicats socialistes, dits « syndicats libres » (*Freie Gewerkschaften*) rassemblent 50 000 membres dans 1 266 branches locales et en 1874 les caisses d'entreprises – particulièrement développés dans la grande industrie, comme les établissements Krupp à Essen ou Stumm-Halberg de la Sarre[12] – sont au nombre de 1 931 et couvrent 456 000

9 — Cité par Gerhard A. Ritter, *Social Welfare in Germany and Britain: Origins and Development*, Leamington Spa/New York, Berg, 1986, p. 53, décembre 1880.

10 — Cité par Gerhard A. Ritter, *op. cit. Cf.* aussi l'échange de Bismarck avec Julius Hermann Moritz Busch le 21 janvier 1881, cité par Gerhard A. Ritter, *op. cit.* : « Si nous utilisions les recettes [de l'introduction d'un monopole sur le tabac et d'une augmentation des taxes sur le luxe] pour préserver l'avenir de nos travailleurs, dont l'insécurité est la principale cause de leur haine de l'État, nous garantirions simplement notre propre avenir. C'est un bon investissement pour nous également. Cela nous permettrait d'éviter une révolution qui pourrait éclater dans cinquante ans, ou peut-être même dix ans et une révolution qui, même si elle n'était victorieuse que pour quelques mois, produirait, directement et indirectement, une augmentation de coûts bien différents de ceux qu'impliquent notre stratégie préventive, notamment en termes de déstabilisation du commerce et des échanges. »

11 — *Cf.* Sandrine Kott, *L'État social allemand. Représentations et pratiques*, Paris, Belin, 1995 ; Jürgen Tampke, « Bismarck's social legislation: a geniuine breakthourght? » *in* W. J. Mommsen (dir.), *The Emergence of the Welfare State in Britain and Germany*, Londres, Routledge, 1981.

12 — Jürgen Trampke, art. cité, p. 74.

travailleurs[13]. L'obligation d'assurance est également déjà instituée en Prusse par la loi de 1845 qui autorise les communes à prévoir une obligation de cotisation aux caisses de secours pour les ouvriers de l'artisanat, puis en 1849, des fabriques, dans un contexte de fragilisation de l'assistance communale[14]. En 1853, il existe donc déjà 2576 caisses obligatoires pour 254420 membres et en 1868, 3724 pour 627667. En Prusse, les caisses d'assurance maladie couvrent donc en 1873, environ la moitié de ceux qui seront couverts par l'obligation de 1883[15].

« L'obligation d'assurance est également déjà instituée en Prusse par la loi de 1845 qui autorise les communes à prévoir une obligation de cotisation aux caisses de secours. »

Ensuite, le projet d'assurances étatiques porté par Bismarck s'est heurté à l'opposition du Reichsatg et a donné lieu à l'institution de systèmes fondés sur la cotisation ouvrière à la gestion paritaire. L'assurance maladie instituée en 1883 repose sur le principe de libre adhésion aux caisses dont la gestion est assurée par deux tiers de représentants des travailleurs et un tiers des employeurs au travers d'une assemblée générale et d'un comité de direction. Les caisses d'entreprises sont également paritaires même si l'employeur peut en conserver la direction et assure la prise en charge des frais de gestion de la caisse. Le système est faiblement centralisé, avec 19434 caisses d'assurance maladie en 1886, l'État intervenant pour exercer des missions de contrôle. En ce qui concerne l'assurance accident,

« Le projet d'assurances étatiques porté par Bismarck s'est heurté à l'opposition du Reichsatg et a donné lieu à l'institution de systèmes fondés sur la cotisation ouvrière à la gestion paritaire. »

13 — Peter A. Köhler, Hans F. Zacher, Philippe-Jean Hesse, *op. cit.*, p. 33.

14 — Sandrine Kott, *op. cit.*, p. 27.

15 — *Ibid.*, p. 29.

Rassemblement social-démocrate devant le palais de Berlin, vers janvier 1919.
CC ALFRED GROSS

la gestion n'est pas paritaire dans la mesure où le financement est patronal. Ce sont des associations professionnelles patronales, les *Berufsgenossenschaften,* qui en assurent la gestion. Pour autant, celles-ci comprennent des tribunaux paritaires et associent les ouvriers à l'élaboration des mesures de prévention des accidents. L'organisation paritaire des caisses contribue ainsi à la démocratisation de l'État et du travail davantage qu'à la généralisation d'un système paternaliste. En témoigne notamment le fait que les caisses mutualistes ont été des lieux importants d'organisation ouvrière pendant les périodes de répression politique mais surtout que l'institution des assurances sociales a largement contribué au développement du syndicalisme par leurs caisses assurantielles dont les adhérents atteignent un million en 1904 et deux millions et demi en 1913. Cette évolution est contemporaine de l'affirmation de la social-démocratie qui constitue, à la veille de la Grande guerre, la première force politique parlementaire en termes de suffrages exprimés.

Enfin, le système des assurances sociales, d'abord institué comme une législation ouvrière, a connu une importante dynamique de généralisation. Les seuils d'assujettissement obligatoires ont été plusieurs fois rehaussés, la couverture assurantielle étendue aux ouvriers agricoles, à certains employés des services publics et aux employés[16]. L'ordonnance des assurances de l'Empire (*Reichsversicherungsordnung*) du 31 mai 1911 relève le taux de cotisation qui passe à 6 %, contre 3 % en 1883, relève également le plafond d'adhésion obligatoire et étend le champ de couverture de l'assurance maladie à tous les salariés. Entre 1900 et 1914, le nombre d'affiliés à l'assurance maladie passe de 9,5 à 15,6 millions et celui de l'assurance accidents de 19 et 28 millions. Bien plus qu'une législation de classe, le système des assurances sociales apparaît donc comme un vecteur d'intégration nationale et de socialisation des salaires qui rend compte d'une dynamique profonde de démocratisation sociale.

L'AUTORITÉ EN DÉMOCRATIE : **DE LA DÉMOCRATISATION SOCIALE À L'ÉGALITÉ POLITIQUE**

Comprise comme une égalisation des rapports entre les groupes sociaux produite par la différenciation fonctionnelle, la démocratisation sociale s'accompagne d'une évolution symbolique des principes de valorisation et de légitimité qui engage une transformation du rapport à l'autorité. Les liens entre démocratisation sociale et égalité politique permettent de caractériser cette évolution de l'appréhension et de la fonction de l'autorité qui accompagne la formation des États sociaux, au-delà de la spécificité du cas allemand.

Dans un texte intitulé « Droit de vote et démocratie en Allemagne », paru le 6 décembre 1917 dans la revue *L'État national allemand. Études sur la politique intérieure*, qui rassemble nationaux-libéraux et sociaux-démocrates, Max Weber définit la démocratisation politique de l'Allemagne par l'institution du suffrage universel comme une évolution nécessaire à l'issue de la guerre. En conclusion de son texte, Weber souligne que « la "démocratisation" au sens d'un nivellement par un *État de fonctionnaires* de l'organisation traditionnelle en états (*Stände*) est un fait. On n'a qu'une alternative : on peut laisser la masse des citoyens sans droit ni liberté dans un "État bureaucratique autoritaire" avec un pseudo-parlementarisme et les "administrer" comme on

16 — *Cf.* Sandrine Kott, *op. cit.*

le ferait d'un bétail, ou on peut les intégrer à l'État en les *associant*, parce qu'ils sont souverains, à la *domination*[17] ».

Ce que Weber s'emploie à mettre en avant est la distinction entre un « État bureaucratique autoritaire » et ce que l'on pourrait qualifier d'« État bureaucratique démocratique », la distinction des deux reposant sur la compréhension de la portée sociologique de la bureaucratisation de l'État comme manifestation d'une dynamique de démocratisation. Comme le souligne Weber, l'Allemagne a connu au cours du XIXe siècle un processus de démocratisation politique limité par la remise en cause de l'organisation politique sur le fondement des *Stände* au profit de la constitution d'États administratifs associés à des régimes parlementaires censitaires. Or, cette évolution ne traduit pas simplement la substitution d'un principe d'autorité politique à un autre qui pourrait être associée au passage de la distinction de rang à l'autoritarisme bureaucratique. La bureaucratisation de l'État, c'est-à-dire la professionnalisation de l'exercice des fonctions publiques et leur centralisation, manifeste au contraire une tendance à la démocratisation sociale dont la remise en cause des *Stände* est une manifestation. Ne pas tirer les conséquences politiques et institutionnelles de cette tendance dans l'organisation de l'État et maintenir une répartition inégale du pouvoir de désignation des dirigeants, au profit des classes les plus riches, conduit à ce que Weber nomme un « État bureaucratique autoritaire » dans la mesure où les principes de légitimité d'attribution du pouvoir politique se trouvent en retrait du niveau de démocratisation de la société.

« La bureaucratisation de l'État, c'est-à-dire la professionnalisation de l'exercice des fonctions publiques et leur centralisation, manifeste au contraire une tendance à la démocratisation sociale. »

Quels seraient alors le sens d'un « État bureaucratique démocratique » et la conception de l'autorité qui s'y rattache ? Dans ce texte de prise de position politique, Weber rejette le principe de légitimité d'attribution du pouvoir de désignation des dirigeants politiques sur la base du savoir qui conduirait à

17 — Max Weber, *Œuvres politiques. 1895-1919*, Paris, Albin Michel, 2004, p. 302.

l'instauration d'un régime « capacitaire ». Une telle perspective produirait une nouvelle organisation en *Stände* fondée sur les qualifications universitaires et administratives. La remise en cause de la structure d'ordre de la société selon les *Stände* étant une conséquence de la différenciation fonctionnelle, la représentation politique doit-elle alors se fonder sur l'appartenance professionnelle ?

La perspective d'une organisation corporatiste du pouvoir politique avait été envisagée par Bismarck comme une évolution possible du régime. L'historien Walter Vogel rapporte ainsi que selon Lohmann, « l'assurance-accidents était en soi, pour lui, secondaire ; l'essentiel, c'était de saisir cette occasion pour créer des associations corporatives qui, peu à peu, devaient être instituées pour toutes les classes productives de la nation, afin de constituer la base d'une future représentation populaire ; celle-ci pourrait, à la place ou à côté du *Reichstag*, participer de façon essentielle à l'exercice de la fonction législative, à la rigueur, grâce à un coup d'État[18] ». Familier de la menace du coup d'État, Bismarck voyait dans la création d'une chambre parlementaire sur base corporatiste, le « Conseil impérial d'économie politique » (*Reichsvolkswirtschaftrat*)[19], une manière de moderniser l'organisation en Stände sur une base professionnelle.

Weber s'oppose fermement à l'établissement du droit du vote sur la base de l'appartenance professionnelle. Cette position peut être interprétée de la manière suivante. Si la différenciation fonctionnelle est un moteur de la démocratisation, son niveau est tel que les divisions en métiers s'avèrent inopérantes en tant que distinctions proprement politiques. D'une part, plus la division du travail progresse, moins la catégorie de métier apparaît consistante pour décrire l'organisation du travail au sein d'une même branche.

« Si la différenciation fonctionnelle est un moteur de la démocratisation, son niveau est tel que les divisions en métiers s'avèrent inopérantes en tant que distinctions proprement politiques. »

18 — Walter Vogel, *Bismarcks Arbeiterversicherung*, Brunswick, Westermann, 1951, p. 158, cité par Peter A. Köhler, Hans F. Zacher, Philippe-Jean Hesse, *Un siècle de sécurité sociale 1881-1981. L'évolution en Allemagne, France, Grande-Bretagne, Autriche et Suisse*, Munich/Nantes, Max-Planck Institut für ausländisches und internationales Sozialrecht/C.R.H.E.S. de l'université de Nantes, 1982, p. 44.

19 — Heinrich A. Winkler, *op. cit.*, p. 216.

D'autre part, les professions sont elles-mêmes traversées par des clivages sociaux et politiques qui doivent pouvoir s'exprimer au-delà de l'appartenance à un métier.

C'est donc précisément parce que la question de la démocratisation politique émerge de la démocratisation sociale – à partir des effets de la différenciation fonctionnelle – que le principe de légitimité politique se fonde sur l'égalité stricte de vote et la liberté d'organisation. Le propre de la responsabilité politique démocratique est d'être fondée sur une égalité stricte qui ne tient pas compte, dans l'attribution des droits politiques, des différences liées à l'appartenance à des groupes sociaux précisément parce que celles-ci sont déterminantes dans l'ensemble des questions politiques qui se posent. Les clivages politiques et les aspirations à la justice doivent donc pouvoir se former librement à partir des dynamiques qui traversent les groupes socio-professionnels. Weber souligne ainsi que la légitimité des partis, syndicats et associations patronales repose sur la libre adhésion qui permet d'exprimer les intérêts des groupes au plus près de leurs préoccupations par distinction avec la composition obligatoire des institutions de type administratif ou corporatiste qui ne peuvent par conséquent avoir qu'un rôle technique mais non pas constituer le fondement normatif de l'ordre politique.

« Le principe de légitimité manifesté par l'égalité et la liberté politique se justifie par l'exigence d'une disposition critique dans le rapport à l'élaboration des règles de l'organisation sociale. »

En somme, plus le niveau de différenciation fonctionnelle est élevé, plus des institutions fondées sur l'égalité et la libre adhésion sont nécessaires pour assurer la légitimité et l'efficacité des institutions politiques, c'est-à-dire l'exercice de leur fonction normative à partir de la formulation de jugements critiques sur l'organisation des institutions. Le lien entre démocratisation sociale et égalité des droits politiques permet de saisir une dynamique de fond de la transformation du rapport à l'autorité dans les États sociaux. L'approfondissement de la division du travail et les mécanismes de socialisation de l'économie produisent une dynamique de démocratisation sociale qui remet en cause les distinctions de rang sur lesquelles pouvait se fonder symboliquement l'exercice de l'autorité (politique). Par distinction, le principe de légitimité manifesté par l'égalité et la liberté politique se justifie par l'exigence d'une disposition critique dans le rapport à l'élaboration des règles de l'organisation sociale. Si l'égalité des droits politiques concerne bien les individus, c'est en lien avec la dynamique de démocratisation sociale qu'elle se comprend, c'est-à-dire de manière collective et relationnelle. Il semble donc périlleux de rattacher à la démocratisation politique l'idée d'une crise de l'autorité qui reposerait sur l'affirmation des individus comme référence normative fondamentale et exclusive dans la mesure où l'égalité des droits est une condition de la constitution de points de vue critiques collectifs.

Si la politique sociale de Bismarck fut conçue par ce dernier comme un instrument de contrôle social, dans une perspective autoritaire cependant compte d'une évolution décisive du rapport à l'autorité : au travers de l'émergence d'institutions paritaires et démocratiques, l'autorité est envisagée au travers d'une disposition critique qui envisage la fonction de coordination de l'autorité politique. En cela l'autorité ne disparaît pas mais elle s'affirme comme telle, c'est-à-dire comme la reconnaissance d'une légitimité qui oblige sans violence lorsqu'elle exerce ses fonctions de coordination, et rien d'autre, sans abus de pouvoir.

Agrégé de philosophie et ancien élève de l'École Normale Supérieure, Nathan Cazeneuve est doctorant à l'EHESS (Lier-Fyt). Il est membre du comité de rédaction de la revue *Germinal*.

LOLA ZAPPI

AIDE OU CONTRÔLE SOCIAL?

L'AUTORITÉ DES ASSISTANTES SOCIALES FACE AUX CLASSES POPULAIRES AU XXe SIÈCLE

Deux visions discordantes de l'assistante sociale coexistent dans l'imaginaire collectif. L'une, idéalisée, fait d'elle l'incarnation de l'aide aux plus démunis, l'autre la conçoit comme une figure tutélaire coercitive, exerçant un contrôle social sur les classes populaires. En réalité, les débats autour de l'ambiguïté des assistantes sociales, de leur légitimité à exercer une autorité sur les familles assistées, remontent aux origines mêmes de la profession.

LES « AMIES » DES PAUVRES

Si l'assistance aux pauvres a une existence millénaire, l'action sociale s'institutionnalise au XIXe siècle : dans les sociétés industrialisées d'Allemagne, d'Angleterre ou de France, la misère des classes laborieuses inquiète les élites. Source de souffrance mais aussi de révoltes, on lui attribue la montée des antagonismes de classes et les insurrections politiques des ouvriers. En réponse à cette « question sociale », la législation encadrant l'assistance publique se développe, tandis que les œuvres charitables privées se multiplient pour se presser au chevet des familles populaires. L'action sociale est personnifiée par plusieurs figures féminines : des religieuses, comme celles formées par la congrégation des Filles de la Charité, ou des « dames d'œuvres » laïques, le plus souvent des femmes issues de l'aristocratie et de la grande bourgeoisie[1]. Leur rôle est de se présenter comme une aide mais aussi comme un guide moral pour leurs « protégés ». Elles sont aidées en cela par leur position sociale censée les doter de vertus morales intrinsèques, opposées à la faiblesse et la déchéance imputées aux familles ouvrières. Mais les dames d'œuvres doivent aussi travailler à ce que leur charité n'encourage pas les familles assistées à la dépendance.

Dès les années 1820, le baron de Gérando suggère aux « visiteurs du pauvre » de s'attacher à rendre leurs aumônes utiles : leurs investigations doivent leur permettre de distinguer « la vraie de la fausse indigence » ; puis, en assistant les pauvres de leurs conseils moraux, ils les aident à lutter contre leurs supposés penchants à l'imprévoyance et l'incurie[2]. En Angleterre, à partir de 1869, la *Charity Organization Society* formalise cette tentative de rationalisation de l'assistance. Leur personnel, formé aux méthodes de l'enquête, a pour mission d'évaluer la situation de chaque famille candidate à une aide sociale, afin de dépister les « mauvais pauvres » et de les écarter de l'assistance[3]. Dès lors, il ne suffit plus d'être une âme généreuse pour contribuer au monde de la bienfaisance. C'est sur cette ambiguïté intrinsèque, entre empathie et défiance, aide et surveillance, que va se construire le métier d'assistante sociale.

1 — Anne Jusseaume, *Le soin des pauvres : vocations féminines dans le Paris du XIXe siècle*, Rennes, Presses universitaires de Rennes, 2023 ; Sarah Curtis, « Charitable Ladies: Gender, Class and Religion in Mid Nineteenth-Century Paris », *Past & Present*, 2002, n° 177, p. 121-156.

2 — Joseph-Marie de Gérando, *Le visiteur du pauvre*, Paris, Colas, 1820, p. 15.

3 — Topalov Christian (ed.), *Philanthropes en 1900: Londres, New York, Paris, Genève*, Ivry-sur-Seine, Créaphis, 2019.

FAIRE APPEL À DES PROFESSIONNELLES **DE L'ASSISTANCE**

Les premières assistantes sociales apparaissent au sortir de la Grande Guerre[4]. Le conflit a joué le rôle de catalyseur dans la professionnalisation de l'action sociale, face à la nécessité de combattre les « fléaux sociaux » que sont la tuberculose, l'insalubrité des logements ou encore la mortalité infantile. Les écoles de service social se multiplient, avant que le diplôme de ce nouveau corps professionnel soit reconnu par l'État en 1932. Les services sociaux revendiquent une modernisation de l'action sociale : ils prétendent se distinguer des secours palliatifs des œuvres charitables en traitant le problème de la misère à la racine. Les familles populaires sont jugées en partie responsable des maux dont elles souffrent, par leur imprévoyance budgétaire, leur ignorance des notions élémentaires d'hygiène ou leurs mœurs dissolues, il s'agit de les rééduquer. Les services sociaux revendiquent cette approche éducative, prophylactique, visant à transmettre de meilleures habitudes de vie aux familles dont elles ont la tutelle. L'autorité des assistantes sociales ne se fonde dès lors plus uniquement sur l'exemplarité de leurs vertus, mais sur de nouvelles compétences techniques, en matière d'hygiène, de puériculture ou encore de comptabilité.

« Les services sociaux revendiquent une modernisation de l'action sociale. »

Une nouvelle science fait aussi son apparition qui transforme la pratique de l'autorité : la psychologie[5]. Aux États-Unis, le lien entre travail social et psychologie est théorisé par Mary Richmond, une assistante sociale qui revendique une nouvelle méthode appelée le *case-work*[6]. Selon cette approche, plutôt que de proposer une aide standardisée, les assistantes doivent ajuster leurs réponses à chaque cas individuel, en s'appuyant sur les ressources et la personnalité propre de leurs usagers. Mary Richmond s'inspire pour cela de la psychologie comportementale (*behaviorism*), qui suppose d'influencer les comportements humains par des stimuli positifs. L'autrice va plus loin encore dans

4 — Laura Lee Downs, « Les marraines élues de la paix sociale ? Les surintendantes d'usine et la rationalisation du travail en France, 1917-1935 », *Le Mouvement social*, 1993, n° 164, p. 53-76 ; Lola Zappi, *Les visages de l'État social : assistantes sociales et familles populaires durant l'entre-deux-guerres*, Paris, Les Presses de Sciences Po, 2022.

5 — Yves Cohen, *Le siècle des chefs : une histoire transnationale du commandement et de l'autorité, 1890-1940*, Paris, Éditions Amsterdam, 2012.

6 — Mary Richmond, *What is social case work ?*, New York, Russel Sage Foundation, 1922.

cette théorisation du service social : en responsabilisant les individus, il est un outil démocratique visant à leur redonner la dignité de l'autonomie. Elle parle du reste des usagers de l'assistance comme de « clients », afin de rappeler aux travailleuses sociales qu'elles sont au service de ceux qui s'adressent à elles. Si l'ouvrage de Mary Richmond rencontre un très vif écho en France, la traduction de ses concepts y est imparfaite. La visée démocratique du service social ne parvient pas à traverser l'Atlantique, car la lutte contre les fléaux sociaux après quatre années de guerre favorise davantage une position coercitive envers les familles assistées. La psychologie fait par contre son entrée dans les cursus de formation et est officialisée par le diplôme d'État à partir de 1938, offrant au travail social une nouvelle légitimité scientifique.

LAÏCISATION ET DÉMOCRATISATION **DE L'ASSISTANCE**

La période de l'entre-deux-guerres représente une autre inflexion majeure pour l'action sociale : le métier d'assistante va progressivement se laïciser et passer de la sphère de la bienfaisance privée à celle de la protection sociale étatique.

Le milieu de l'action sociale est encore très imprégné du christianisme et du catholicisme sociaux. Beaucoup de jeunes assistantes assurent avoir trouvé leur vocation dans la volonté d'« aider » et de « servir » les familles populaires, souvent après de premières expériences dans les œuvres sociales ou le scoutisme. Leur formation les déroute d'ailleurs lorsqu'elles découvrent que leur mission comporte aussi un rôle d'investigation et d'enquête. Comme l'écrit une étudiante lors de son premier stage, « essayer d'être l'amie de quelqu'un tout en étant son espion paraît d'abord paradoxal et la dualité du rôle de l'assistante est bien près de manquer alors de sincérité[7] ». La sociologue Jeannine Verdès-Leroux a critiqué ce discours sur l'amour du pauvre comme une manière d'aplanir les antagonismes de classe et de nier les rapports de pouvoir à l'œuvre dans la relation d'assistance[8]. Dans les années 1930, les communistes et socialistes craignent aussi que les assistantes sociales n'usent de leur posture d'autorité pour faire du prosélytisme religieux. Pourtant, le discours des services sociaux se laïcise : pour voir leur métier reconnu par l'État, les assistantes revendiquent leur neutralité politique et confessionnelle.

7 — Dossier de Marcelle H., École pratique de service social, cité par Lola Zappi, « Comment être "l'amie" des familles populaires : la relation de *care* chez les assistantes sociales de l'entre-deux-guerres », *Clio. Femmes, Genre, Histoire*, 2019, n° 49, p. 110.

8 — Jeannine Verdès-Leroux, *Le travail social*, Paris, les Éditions de Minuit, 1978.

La fonction des assistantes sociales évolue également en s'intégrant dans les dispositifs de protection sociale, en particulier après le vote de deux grandes lois : les assurances sociales, votées entre 1928 et 1930, et les allocations familiales en 1932. Le suivi et contrôle des bénéficiaires est assuré par des assistantes. À la fin des années 1930, la travailleuse sociale et écrivaine Madeleine Delbrêl dresse le constat des mutations qu'ont entraînées ces lois : « La classe [ouvrière] nous considère comme les intermédiaires entre les lois et elle. Son espoir ne va pas vers nous, son espoir va vers l'État[9]. » L'autorité des assistantes provient de plus en plus de leur rôle d'émissaires de l'État social. Le mouvement ouvrier n'est d'ailleurs pas fondamentalement opposé à leur présence. Au contraire, lorsqu'elles sont employées par des organismes publics des banlieues « rouges », elles représentent une autorité bienveillante, diffusant les principes de l'hygiénisme dans les cités populaires et luttant contre la pauvreté des ouvriers. Malgré la défiance qu'elles peuvent susciter, les assistantes s'imposent dans le paysage de la protection sociale.

« La fonction des assistantes sociales évolue également en s'intégrant dans les dispositifs de protection sociale. »

VERS UNE CONTESTATION DE L'AUTORITÉ **DES ASSISTANTES SOCIALES**

Dans les années d'après-guerre, les services sociaux dépendants d'administrations publiques se multiplient et le rapport aux usagers se transforme. Dans les caisses de sécurité sociale, dans le monde du travail *via* les comités d'entreprise, ou encore dans les associations familiales, les services sociaux sont gérés par des représentants élus des usagers[10]. Par ce mouvement, la vice-présidente de l'Association nationale des assistantes sociales (ANAS) estime que « la classe ouvrière [rejette] l'aide tutélaire de la grande bienfaisance [...] – la démocratie entre largement dans nos organismes sociaux[11] ». Dans les années 1960, la méthode dite du « service social communautaire », venue des États-Unis,

9 — Madeleine Delbrêl, *Profession assistante sociale*, Montrouge, Nouvelle Cité, 2007 [1937], p. 103.

10 — Henri Pascal, *Histoire du travail social en France : de la fin du XIXe siècle à nos jours*, Rennes, Presses de l'École des hautes études en santé publique, 2014.

11 — Jeanne Thro, « Le service social devant les structures nouvelles », *Droit Social*, vol. XXXIV, février 1949.

Les enfants de la zone (Ivry, 1913).

suppose de favoriser la participation des usagers eux-mêmes aux institutions sociales et culturelles, tels que les clubs, cercles de jeunes ou centres sociaux.

Les rapports de pouvoir avec les usagers sont-ils pour autant bouleversés ? La technique du *case-work*, qui se généralise à partir des années 1950, impose un paradigme psychologique de l'action sociale dans lequel « l'inadaptation » de l'usager dépend en grande partie de sa personnalité propre, au détriment d'une prise en compte des déterminants socio-structurels. La théorie de la « culture de la pauvreté », popularisée par l'anthropologue américain Oscar Lewis, explique aussi la persistance de poches de pauvreté dans les sociétés occidentales par le maintien de pratiques culturelles archaïques (fécondité élevée, entre-soi, dépendance aux aides sociales) des populations pauvres et migrantes[12].

« Ces paradigmes paternalistes de l'action sociale sont violemment remis en cause avec l'ébullition politique des années 1968. »

Ces paradigmes paternalistes de l'action sociale sont violemment remis en cause avec l'ébullition politique des années 1968[13]. En 1972, un numéro de la revue *Esprit*, réunissant des contributions de Michel Foucault et Jacques Donzelot, invite le débat dans la sphère publique : intitulé « À quoi sert le travail social ? », il présente ce dernier comme un outil de contrôle sur les classes populaires[14]. Les services sociaux seraient l'instrument dont se sert la bourgeoisie depuis le XIXe siècle pour imposer ses normes dans les milieux ouvriers. La légitimité de l'autorité des assistantes sociales est questionnée : celles-ci sont soupçonnées de servir non pas l'intérêt des usagers mais celui du Capital et de l'État. Ces réflexions infusent dans le monde du travail social. Dans les années 1970, le Groupe d'information des travailleurs sociaux (GITS) se fait l'écho des mobilisations des assistantes contre leurs administrations de tutelle en faveur d'une plus grande solidarité avec les usagers. Les années 1970 sont aussi celles d'expérimentations d'autres formes d'action sociale moins coercitives envers les personnes assistées, tels que les foyers ouverts pour les jeunes repris de justice[15]. Cette remise en question est favorisée par un renouveau générationnel et une démocratisation de la profession : en France, le nombre d'assistantes

12 — Oscar Lewis, *La vida : une famille porto-ricaine dans une culture de pauvreté*, Paris, Gallimard, 1969 [1966].

13 — Françoise Blum, « Regards sur les mutations du travail social au XXe siècle », *Le Mouvement Social*, 2002, vol. 4, n°199, p. 83-94.

14 — Numéro thématique « Pourquoi le travail social ? », *Esprit*, avril-mai 1972.

15 — Numéro thématique « Assistance et autonomisation de soi », *Traverse. Zeitschrift für geschichte : Revue d'histoire*, 2021, vol.3.

sociales augmente de 50 % entre 1970 et 1980 et le métier s'ouvre à des femmes venues des classes moyennes et populaires. L'assistante grande bourgeoise, restée demoiselle pour accomplir son œuvre, n'est plus qu'un lointain souvenir[16].

Pour autant, les débats sur la manière dont s'exerce l'autorité des assistantes sociales ne se sont pas éteints. Les techniques managériales introduites dans les services sociaux à partir des années 1980, de même que la rationalisation budgétaire de ces derniers, a encouragé les politiques de lutte contre la fraude qui voient les assistantes sociales renforcer leurs contrôles sur les usagers[17]. Dans le même temps, les assistantes sont aussi des agents du lien social, essentielles aux personnes les plus isolées et les plus précaires[18]. Ainsi, l'autorité des assistantes sociales au cours d'un long XXe siècle a été légitimée par le fait qu'elle émane désormais de l'État et s'est consolidée par un mouvement de démocratisation du métier. Les débats sur la manière dont s'exerce cette autorité auprès des usagers rappellent cependant que l'État social n'a pas abandonné ses ambiguïtés, entre aide et surveillance, démocratie et contrôle social.

16 — Simone Crapuchet, « Qui étaient-elles et qui sont-elles ? 1905-1976 », *Vie Sociale*, 1987, n° 89, p. 417-442.

17 — Vincent Dubois : *Contrôler les assistés. Genèses et usages d'un mot d'ordre*, Paris, Raisons d'agir, 2021.

18 — Nicolas Duvoux, *L'autonomie des assistés : sociologie des politiques d'insertion*, Paris, Presses universitaires de France, 2009.

Lola Zappi est maîtresse de conférences en histoire contemporaine à l'université Paris 1 Panthéon-Sorbonne. Spécialiste des politiques d'assistance sociale, elle est notamment l'auteure de *Les visages de l'État social. Assistantes sociales et familles populaires durant l'entre-deux-guerres*, Paris, Presses de Sciences Po, 2022.

JAKOB FESENBECKH

PERDRE LE CONTACT DIRECT?

LES « RELATIONS HUMAINES » ALLEMANDES FACE À LA CRISE ÉCONOMIQUE MONDIALE, 1931

C'est le 14 octobre 1931 qu'a lieu, à Düsseldorf et alors que la crise économique mondiale approche à son nadir, la conférence annuelle de la « Société des amis de l'Institut allemand de l'éducation technique au travail » (*Deutsches Institut für technische Arbeitsschulung*). Fondé par le patronat de l'industrie lourde rhénane-westphalienne en 1925 et bien connu sous son acronyme « DINTA », cet institut est l'acteur principal du courant managérial des « relations humaines » en Allemagne dans les domaines de la recherche, de la formation et du conseil.

> **« Plusieurs jeunes entrepreneurs formulent durant leurs interventions le diagnostic d'une crise de l'autorité du patronat allemand. »**

Il se concentre sur l'intégration du « facteur humain » et l'implication des ouvriers et employés dans le processus de production technique[1]. Au cours du congrès, plusieurs jeunes entrepreneurs associés à l'institut formulent durant leurs interventions le diagnostic d'une crise de l'autorité du patronat allemand. Ils définissent une série de « tâches du présent[2] » pour lesquelles ils estiment que le patronat doit se mobiliser afin de pouvoir redresser l'économie et sauver l'Allemagne d'un déchirement social et politique. Ces diagnostics sont posés en mobilisant des arguments classiques du paradigme d'organisation du DINTA. Il s'agit donc d'un discours professionnel, prononcé par des « hommes de la pratique[3] », comme on peut le lire dans la revue de l'institut *Arbeitsschulung* (éducation au travail) où ces interventions sont publiées. Malgré cette rhétorique professionnaliste, les discours du congrès sont teintés de sémantiques politiques relevant d'un discours autoritariste de droite renforcé par la crise[4]. Étant donné que le DINTA et les entrepreneurs qui lui sont affiliés sont des acteurs notables de la transformation de la culture de direction économique qu'entreprend le régime nazi à partir de 1933[5], cette contribution permet

> **« Les discours du congrès sont teintés de sémantiques politiques relevant d'un discours autoritariste de droite renforcé par la crise. »**

1 — Peter Hinrichs, *Um die Seele des Arbeiters : Arbeitspsychologie, Industrie – und Betriebssoziologie in Deutschland 1871-1945*, Cologne, Pahl-Rugenstein, 1981, p. 277-290 ; Frank Becker, « Menschenökonomie » : Arbeitswissen und Arbeitspraktiken in Deutschland 1925-1945, Francfort-sur-le-Main, Campus Verlag, 2021.

2 — Walter Dyckerhoff, « Zur Volksgemeinschaft ! (Gegenwartsaufgaben des Unternehmers) », *Arbeitsschulung*, vol. 3, n° 1, janvier 1932, p. 4 ; Theodor Wuppermann, « Zukunftsaufgaben des Unternehmers », *idem*, p. 13.

3 — *Ibid.*

4 — Lors des élections au Reichstag de septembre 1930, déjà marquées par un chômage de masse important, le NSDAP a connu sa première percée électorale. Le pourcentage de voix du NSDAP est passé à 18,3 %, contre seulement 2,6 % en 1928. Ian Kershaw, *Hitler. 1889-1936 : Hubris. Traduit de l'anglais par Pierre-Emmanuel Dauzat*, Paris, Flammarion, (éd. revue) 2001, p. 480.

5 — Le livre récent de Johann Chapoutot a le mérite d'avoir rendu ces liens intelligibles au grand public français mais sans cependant avoir suffisamment élucidé les origines des paradigmes managériaux qui remontent à la République de Weimar et à la Grande Guerre : Johann Chapoutot, *Libres d'obéir : le management, du nazisme à aujourd'hui*, Paris, Gallimard, 2020. Or, ce travail a été effectué par les historiens allemands. Voici seulement quelques exemples de publications importantes à ce sujet : Nikolas Lelle, *Arbeit, Dienst und Führung. Der Nationalsozialismus und sein Erbe*, Berlin, Verbrecherverlag, 2022 ; Frank Becker, « Menschenökonomie », *op. cit.* ; Frank Becker et Daniel Schmidt (dir.), *Industrielle Arbeitswelt und Nationalsozialismus : der Betrieb als Laboratorium der « Volksgemeinschaft »*, Essen, Klartext, 2020 ; Matthias Frese, *Betriebspolitik im « Dritten Reich » : Deutsche Arbeitsfront,*

de comprendre comment un diagnostic managérial de crise d'autorité peut devenir un appui, d'abord discursif puis institutionnel, à des tentatives de modernisation autoritaire de la société. Dans ce qui suit, nous examinerons d'abord les diagnostics, puis les moyens proposés pour lutter contre cette crise de l'autorité de l'entreprenariat allemand. Enfin, nous montrons différents effets de ces discours dans les restructurations économiques entreprises pendant la phase précoce du Troisième Reich.

LA PERTE DU **CONTACT DIRECT**

Le diagnostic central de ce congrès est posé par August Theodor Wuppermann, chef de l'usine de laminage Wuppermann à Leverkusen dans la Ruhr :

> « Comment se fait-il que pour nous, Allemands, la tâche de la conduite des hommes soit devenue un tel problème ? Il me semble que cela vient en tout premier lieu du fait que les dirigeants ont perdu, pour toutes sortes de raisons, le contact direct avec les personnes qu'ils dirigent[6]. »

En quoi consistent donc, selon les intervenants, ces raisons de la perte de contact entre les dirigeants et les dirigés ? La raison principale est résumée par Wuppermann sous le terme de la « maladie d'organisation[7] » [*Organisationskrankheit*]. Cette critique vise la tendance à la sur-organisation des entreprises, conséquence du mouvement de la rationalisation allemande des années 1920, qui aurait contribué au chômage technique de la Grande Crise et aurait été réalisé au détriment de la qualité du travail humain dans les entreprises. Par ce constat d'une logique erronée de rationalisation qui vise en premier lieu le modèle taylorien, Wuppermann formule le postulat de départ du paradigme DINTA. Les ouvriers auraient été écrasés et surexploités par ce régime d'organisation du travail qui a entièrement remplacé l'initiative ouvrière par un système de contrôle et de coercition conçu jusque dans ses derniers détails par les bureaux d'ingénieurs. L'anonymat et l'individualisation occasionnés par cette organisation surplombante de la grande entreprise sont pointés par les

Unternehmer und Staatsbürokratie in der westdeutschen Großindustrie, 1933-1939, Paderborn, F. Schöningh, 1991.

6 — Theodor Wuppermann, « Zukunftsaufgaben… », art. cit., p. 14.

7 — *Ibid.*, p. 15.

« Les ouvriers auraient été écrasés et surexploités par ce régime d'organisation du travail qui a entièrement remplacé l'initiative ouvrière par un système de contrôle. »

représentants de l'institut comme une source décisive de conflits sociaux[8].

Le constat d'une tendance à l'anomie du travailleur dans la grande entreprise appartient aux rhétoriques standards des « relations humaines », qui ont connu une réception importante dans l'Allemagne de l'entre-deux-guerres[9]. Avec les traditions endogènes allemandes de psychologie industrielle et de psychotechnique, dont les débuts remontent à la première décennie du XXe siècle[10], ces approches nord-américaines nourrissent les recherches effectuées par des institutions allemandes comme le DINTA autour du « facteur humain » dans la production. En bref, les tenants des « relations humaines » s'opposent au salaire au rendement individuel comme principal stimulant de la performance des ouvriers dans le cadre du système tayloriste. Ils conçoivent les facteurs sociaux dans l'entreprise, les relations personnelles aux cadres, au patron et aux collègues ainsi que les institutions sociales qui entourent l'entreprise, comme la source de motivation majeure d'une performance désormais conçue comme collective plutôt qu'individuelle[11]. Ainsi, l'accent placé sur la responsabilité de l'entrepreneur, de ses ingénieurs et cadres dans la cohésion sociale dans l'entreprise – ici conçue comme une source de productivité – appartient aux idées fondatrices du DINTA.

Le modèle d'autorité promulgué par l'institut possède une spécificité : il se réfère à une culture d'autorité héritée de la Première Guerre mondiale. Durant le congrès d'octobre 1931, ce lien est exprimé par Wuppermann en faisant allusion à la *Feldienstordnung*, le « règlement des services de campagne » de l'armée impériale qui aurait donné au chef de compagnie « la belle prérogative [...]

8 — Frank Becker, *Menschenökonomie...*, *op. cit.*, p. 44-46.

9 — Karsten Uhl, *Humane Rationalisierung ? Die Raumordnung der Fabrik im fordistischen Jahrhundert*, Bielefeld, Transcript Verlag, 2014, p. 177-182.

10 — Peter Hinrichs, *Um die Seele...*, *op. cit.*, p. 58-59.

11 — Giuseppe Bonazzi, *Geschichte des organisatorischen Denkens*, Wiesbaden, VS Verlag für Sozialwissenschaften, 2008, p. 43-63.

de veiller sans relâche au bien-être de ses hommes » et de les enthousiasmer pour les objectifs[12].

Cette appropriation par le chef d'entreprise des missions sociales de l'officier représente bien plus qu'une rhétorique. Le fondateur de l'institut, l'ingénieur sidérurgique Carl Arnold, a été en tant que jeune officier dans l'armée impériale chargé de l'organisation et de la conception des « enseignements patriotiques » [*Vaterländischer Unterricht*] dispensés dans l'armée du *Kaiser* à partir de 1917[13]. L'introduction de ces cours est le produit de la technicisation croissante du combat à partir de la seconde moitié de la guerre. Elle fait accroître considérablement les compétences techniques des soldats et l'autonomie tactique des groupes de combat sur le terrain. Les « enseignements patriotiques » appartiennent donc à un dispositif servant à dépasser la discipline automatisée, inculquée par le drill, et à augmenter la motivation et l'initiative des soldats sur champs de bataille[14]. À ce dispositif appartient aussi un commandement par la suggestion[15], passant par le soin et le charisme, dont nous avons eu l'aperçu en haut à travers les mots de Wuppermann. La complexité technique du travail guerrier requiert désormais un haut degré d'autonomie dans l'exécution de la tâche.

« Cette appropriation par le chef d'entreprise des missions sociales de l'officier représente bien plus qu'une rhétorique. »

Pendant les années 1920, Carl Arnold a intégré des aspects centraux de ces expériences de pédagogie militaire dans son approche de la pédagogie industrielle. Appuyés par l'industrie lourde de la Ruhr, la DINTA et ses collaborateurs patronaux visent à travers de nombreux ateliers de formation à développer chez les jeunes ouvriers apprentis un idéal de travail bien fait, une fierté du métier, ainsi qu'un sens de responsabilité vis-à-vis de l'entreprise, conçue comme un tout

12 — Theodor Wuppermann, « Zukunftsaufgaben... », art. cit., p. 14.

13 — Frank Becker, *Menschenökonomie...*, *op. cit.*, p. 23.

14 — Michael Geyer, *Deutsche* Rüstungspolitik 1860-1980, Francfort-sur-le-Main, Suhrkamp, 1984, p. 100-102.

15 — Manfred Nebelin, *Ludendorff. Diktator im ersten Weltkrieg*, Munich, Siedler, 2010, p. 232-233. Des évolutions équivalentes dans la culture d'autorité, basées sur les mêmes causalités, ont été décrites par Emmanuel Saint-Fuscien pour le cas de l'armée française. Emmanuel Saint-Fuscien, *À vos ordres ? La relation d'autorité dans l'armée française pendant la Grande Guerre*, Paris, Éditions de l'École des hautes études en sciences sociales, 2011. Concernant les échos de ces expériences de commandement dans l'industrie française de l'entre-deux-guerres voir le chapitre 4 de Yves Cohen, *Le siècle des chefs. Une Histoire transnationale du commandement et de l'autorité (1890-1940)*, Paris, Éditions Amsterdam 2013.

« Le DINTA avait comme objectif la constitution d'un véritable corps de chefs du travail industriel. »

organique[16]. À ce travail sur les mentalités ouvrières correspondait un fort accent sur la formation des *Führer*, donc des chefs d'atelier et des cadres : ceux-ci devaient éveiller la motivation des ouvriers par leur exemplarité, leur investissement social, leur compétence et leur visibilité dans le processus de travail. Le DINTA avait comme objectif la constitution d'un véritable corps de chefs du travail industriel et proposait à cet effet aux entreprises des *Führerkurse*, des « stages de chefs », à Düsseldorf et Gelsenkrichen[17].

LA PAROLE **ET LE CHEF**

Les solutions à cette perte de légitimité et d'autorité du patronat sont, pour Wuppermann, principalement à chercher du côté des techniques du contact. Tout d'abord, il met en avant les bulletins d'entreprises – une pratique courante dans les entreprises conseillées par le DINTA – comme un moyen de tenir informés les ouvriers du développement de l'entreprise et ainsi de les responsabiliser. Puis il en nomme un autre qu'il juge plus décisif encore :

> « Je dois alors citer un mot d'Adolf Hitler dans son livre *Mein Kampf*. Dans ses explications extrêmement instructives sur la signification de la parole, il dit : "Tous les changements historiques vraiment importants n'ont pas été provoqués par la langue écrite, mais tout au plus accompagnés par elle." Chacun d'entre vous aura fait l'expérience de l'effet surprenant de la parole. [...] La seule condition pour que les mots aient un effet durable est qu'ils soient exprimés par un vrai gars [*ein ganzer Kerl*][18]. »

16 — Frank Becker, *Menschenökonomie...*, *op. cit.*, p. 109-160.

17 — *Ibid.*, p. 27-32.

18 — Theodor Wuppermann, « Zukunftsaufgaben... », art. cit., p. 18.

Le lieu de l'accident devant l'usine Krupp dans la région d'Essen / Ruhr.
La flèche montre la direction du tir, qui a tué 13 ouvriers de Krupp
CC BUNDESARCHIV BILD 102-00030, ESSEN, KRUPP-WERK, AUTOMOBILHALLE

Dans certaines entreprises conseillées par le DINTA, cette insistance sur la parole donne lieu à un dispositif de contact spécifique, nommé la *Betriebsversammlung* (« réunion d'entreprise »). Il s'agit d'une réunion hebdomadaire rassemblant tous les salariés d'un site devant le chef. Celui-ci tient devant eux un discours sur la situation de l'entreprise et les défis à venir. La pratique sert à la fois à coresponsabiliser les ouvriers pour les objectifs de l'entreprise et à recréer une incarnation personnelle de l'autorité, pour combattre l'anonymat et la tendance à l'impersonnel liés aux structures de commandement bureaucratiques. Cette technique est, elle aussi, inspirée par les discours que le chef de compagnie tenait devant ses hommes pendant la Grande Guerre[19].

La référence faite à Hitler et à son livre *Mein Kampf* n'est pas due au hasard. Des représentants de l'institut, tels le grand patron sidérurgique Albert Vögler ou l'ingénieur Carl Arnold, entretiennent pendant les années de crise de la république de Weimar des liens étroits avec le NSDAP[20]. L'objectif revendiqué du mouvement hitlérien étant la « nationalisation des masses[21] », condition de la reconquête d'une position d'hégémonie impériale[22], il rejoint sur cette dimension les aspirations des fondateurs du DINTA.

Pour ceux-ci, l'entreprise est une instance d'ingénierie sociale de la communauté nationale et de sa performance économique collective. Les références au nazisme sont également flagrantes dans d'autres interventions du congrès, notamment dans la contribution du jeune patron d'une entreprise de ciment hessoise, Walter Dyckerhoff. Elle est intitulée « Zur Volksgemeinschaft ! », « vers la communauté du peuple ». Or, la création de la *Volksgemeinschaft* constitue le projet de modernité sociale et politique du mouvement nazi. Elle représente l'aspiration à la création d'une communauté nationale racialement homogène, socialement pacifiée et méritocratique[23].

19 — Walter Dyckerhoff, « Zur Volksgemeinschaft... », art. cit., p. 6.

20 — Frank Becker, « Menschenökonomie », *op. cit.*, p. 22, 33-34.

21 — Georges L. Mosse, *The Nationalization of the Mases : Political Thougt and Mass Movements in Germany from the Napoleonic Wars Through the Third Reich*, New York, Howard Fertig, 1975 ; I. Kershaw, *Hitler...*, *op. cit.*, p. 244.

22 — Pour les maîtres à penser de l'idéologie fasciste allemande, l'irruption de la révolution de novembre 1918, présupposément la principale raison de la défaite allemande, enseigne que la loyauté des masses laborieuses, qui produisent, entretiennent et manient les machines de guerre, est la condition absolue à la conduite de la guerre moderne. Il s'agit donc, à travers la politique sociale et un travail sur les mentalités ouvrières, de limiter l'influence de l'idéologie internationaliste du socialisme et de réconcilier les ouvriers avec la nation. Bruno Thoss, Der Ludendorff-Kreis 1919-1923. München als das Zentrum der mitteleuropäischen Gegenrevolution zwischen Revolution und Hitler-Putsch, Munich, Neue Schriftenreihe des Stadtarchivs München, 1978, p. 40-41.

23 — Martina Steber, Bernhard. Gotto, « Volksgemeinschaft. Writing the Social History of the Nazi Regime », Martina Steber et Bernhard Gotto (dir.), *Visions of Community in Nazi Germany : Social Engineering and Private Lives*, Oxford/ New York, Oxford University Press, 2014, p. 2.

UN PLAN **NATIONAL ?**

Cette idée d'une mission managériale de susciter la création d'une communauté économique nationale culmine dans l'appel de Walter Dyckerhoff à lancer un plan économique national :

> « [...] voulez-vous fermer les yeux sur le fait que le plus grand entrepreneur que la terre habitée porte ne se trouve pas à Détroit ni ne se nomme Ford, mais qu'il est un Géorgien et qu'ils le nomment l'homme d'acier, Staline ? Il a fait d'un peuple entier une seule entreprise qu'il construit aujourd'hui avec une véritable initiative entrepreneuriale[24]. »

Ce type de flirt avec l'idée de dictature économique – le premier plan quinquennal stalinien est en cours depuis 1928 – apparaît comme relativement typique du milieu des réformateurs planistes allemands auquel Walter Dyckerhoff est lié. Face à la crise, ces intellectuels, ingénieurs et patrons rassemblés autour des revues *Wirtschaftswende*[25] – « tournant économique » – et *die Tat*[26] – « L'action » – songent à dépasser la crise économique par un mécanisme qu'ils nomment la « création de crédit productive[27] » et que l'on qualifierait aujourd'hui de keynésien[28]. La transposition à l'économie globale, à laquelle procède ici Dyckerhoff, de l'idéal d'une autorité managériale est typique des imaginaires technocratiques de l'époque[29]. Ce milieu partage sa conception d'un État fort et organisateur, imposant un « primat du politique » à l'économie, avec la droite fascisante de Weimar[30]. Le grand chef national et le plan de

24 — Walter Dyckerhoff, « Zur Volksgemeinschaft... », art. cit., p. 4.

25 — Le discours tenu par Dyckerhoff sur le congrès DINTA a été publié dans la revue planiste *Wirtschaftswende*. Walter Dyckerhoff, « Führung. Eine Rede... », *Die Wirtschaftswende. Wochenschrift für deutsche Wirtschaftserneuerung*, n° 5, 11, novembre 1931, p. 161-168.

26 — Les liens qu'entretenait Dyckerhoff avec ce milieu de publicistes se laissent reconstituer à travers sa correspondance conservée dans ses papiers personnels : Archives municipales de Wiesbaden, Dyckerhoff AG, WA5 965 Allgemeiner Schriftwechsel, lettre au Dr. Kühl, Amöneburg, 19. Avril 1932. Concernant le *Tatkreis* en général voir : Kurt Sontheimer, « Der Tatkreis » *Vierteljahreshefte für Zeitgeschichte*, vol. 7, n° 8, juillet 1959, p. 229-260 ; Klaus Fritzsche, *Politische Romantik und Gegenrevolution : Fluchtwege aus der Krise der bürgerlichen Gesellschaft : Das Beispiel des « Tat » -Kreises*, Francfort-sur-le-main, Suhrkamp, 1976.

27 — Adam Tooze, *Le salaire de la destruction. Formation et ruine de l'économie nazie*, Paris, Les Belles lettres, 2006, p. 64-65 ; Bernhard Lorentz, *Industrieelite und Wirtschaftspolitik 1928-1950 : Heinrich Dräger und das Drägerwerk*, Paderborn, Schöningh, 2001, les chapitres I à III.

28 — Heinrich Dräger, « Quellen keynesianischer Wirtschaftspolitik in Deutschland und ihre Protagonisten bis 1935 », G. Bombach, H.-J. Ramser et al. (dir.), *Der Keynesianismus II. Die beschäftigungspolitische Diskussion vor Keynes in Deutschland. Dokumente und Kommentare*, Berlin/ Heidelberg/ New York, Springer Verlag, 1976, p. 315-324.

29 — Judith Merkle, *Management and Ideology : The Legacy of the International Scientific Management Movement*, Berkeley, University of California Press, 1980, p. 260- 263, 289.

30 — Avraham Barkai, *Das Wirtschaftssystem des Nationalsozialismus : Der historische und ideologische Hintergrund, 1933-1936*,

création d'emploi apparaissent donc ici comme la solution à l'échelle macro au problème de crise d'autorité dans l'économie et à ses phénomènes de déliaison.

REFAIRE **L'AUTORITÉ ?**

Une ébauche de ce commandement économique unique se réalise à partir de l'été 1933, quand est lancé l'ensemble de mesures conjoncturelles du « programme Reinhard » auquel succèdent des actions de grands travaux que les nazis nomment « la bataille du travail[31] ». La mise en route de ces mesures est due au lobbying et aux études des planistes allemands auxquels est lié Dyckerhoff[32].

> **« La transposition à l'économie globale de l'idéal d'une autorité managériale est typique des imaginaires technocratiques de l'époque. »**

Timothy Mason a proposé de voir l'œuvre de représentants patronaux proches de cet institut dans la loi de l'ordre national du travail de janvier 1934, une nouvelle législation du travail mise en place par les nationaux-socialistes. Elle introduit le *Führerprinzip*, le « principe du chef », dans les entreprises et abolit le conseil d'entreprise, représentation des salariés obligatoire prévue par la constitution sociale de Weimar pour la gestion des conflits sociaux dans l'industrie[33]. Durant le congrès de 1931, Walter Dyckerhoff avait polémiqué contre l'esprit de déliaison introduit dans les entreprises par ce bipartisme weimarien[34]. Pour des entrepreneurs technocrates comme Dyckerhoff, l'influence des syndicats et leurs aspirations à la démocratie économique représentent une menace pour l'autorité décisionnelle de l'entrepreneur et donc pour le potentiel de performance de la « communauté d'entreprise ».

Köln, Verlag Wissenschaft und Politik, 1977, p. 56-57.

31 — Adam Tooze, *Le salaire…*, *op. cit.*, p. 63-67.

32 — Bernhardt Lorentz, *Industrieelite…*, *op. cit.*, p. 132, 137.

33 — Timothy Mason, « Zur Entstehung des Gesetzes zur Ordnung der nationalen Arbeit, vom 20. Januar 1934 : Ein Versuch über das Verhältnis "archaischer" und "moderner" Momente in der neuesten deutschen Geschichte », Hans Mommsen, Dietmar Petzina, Bernd Weisbrod (dir.), *Industrielles System und politische Entwicklung in der Weimarer Republik*, Düsseldorf, Droste Verlag, p. 336.

34 — Walter Dyckerhoff, « Zur Volksgemeinschaft… », art. cit., p. 4.

L'idéologie managériale livre ainsi les arguments pour combattre certains droits sociaux conquis par le mouvement ouvrier depuis la révolution de 1918-1919[35].

Les idées directrices de la tendance managériale qu'il représente se retrouvent donc dans la constitution économique créée par les nationaux-socialistes, qui écartent l'influence des organisations intermédiaires démocratiques. De plus, le DINTA est intégré en 1933 dans le « Front du travail allemand » [*Deutsche Arbeitsfront*], le syndicat des ouvriers et employés unique et obligatoire du régime, où il élabore les politiques de gestion sociale de l'entreprise et les concepts d'éducation professionnelle que le régime recommande à l'industrie et à l'artisanat[36]. Des techniques de liaison telles les réunions d'entreprises – qui deviennent sous le régime nazi les « appels d'entreprise » – appartiennent dès lors au répertoire standard de l'encadrement du personnel des grandes entreprises sous le Troisième Reich[37].

CONCLUSION

La crise de l'autorité de l'entrepreneuriat allemand telle que le congrès du DINTA la diagnostique lors du congrès d'octobre 1931 peut être résumée par le constat d'une perte de contact entre patrons et ouvriers. La raison soulevée sont les failles du mouvement de rationalisation, en particulier sa tendance à la sur-organisation qui favorise l'anonymat dans les grandes entreprises et la surexploitation des ouvriers. L'instance centrale de la réintégration de la « communauté d'entreprise » doit être, pour ces praticiens de l'économie, un *Führer*, qui, à l'image de l'officier ou du chef de groupe de la Grande Guerre, cultive le contact direct avec ses hommes, les motive pour les objectifs, sait se montrer proche de leurs besoins sociaux et s'adresse à eux, surtout par la parole. Cette insistance sur le rôle du et des chefs, ainsi que sur leur commandement par la suggestion, dans ce projet de pacification sociale et nationale est partagée avec le mouvement nazi : les chefs d'entreprises associés au DINTA font volontiers allusion à ses concepts et références. Mais c'est dans l'idée d'un dictateur économique et d'un plan national de création d'emplois que s'articule, durant le congrès, une proposition de solution macroéconomique et macrosociale à la

35 — Heidrun Homburg, « The "Human Factor" and the Limits of Rationalization : Personnel Management Strategies and the Rationalization Movement in German Industry between the Wars », Steven Tolliday (dir.), *The Power to Manage ? Employers and Industrial Relations in Comparative Historical Perspective*, London/ New York, Routledge, 1991, p. 169-170 ; Mary Nolan, « Das Deutsche Institut für technische Arbeitsschulung und die Schaffung des "neuen Arbeiters" », Dagmar Reese (dir.) *Rationale Beziehungen ? Geschlechterverhältnisse im Rationalisierungsprozess*, Francfort-sur-le-Main, Suhrkamp, 1993, p. 194.

36 — Frank Becker, « Menschenökonomie », *op. cit.*, p. 34-35.

37 — Thimothy Mason, « Zur Entstehung... », art. cit., p. 338.

crise d'autorité. Cette conception technocratique du social, qui fait dépendre de l'action d'un *Führer*-organisateur l'intégration de la division du travail moderne, permet d'investir le champ symbolique du culte du chef fasciste au prix de glissements sémantiques très limités. Ceci est dû au fait que les deux sont des enfants d'une culture de direction propulsée par l'expérience organisatrice et de combat de la Première Guerre mondiale. La revendication d'une autorité managériale non limitée par l'influence des syndicats et le corporatisme démocratique weimarien se réalise à travers la législation de travail mis en place par le régime nazi. L'institut et ses associés sont des acteurs importants de la restructuration autoritaire de l'économie allemande.

Des liens similaires existent en France dans les années de crise entre projets de réforme technocratiques et autoritarisme de droite[38].

38 — J'étudie ces liens dans ma thèse de doctorat sous la direction d'Emmanuel Saint-Fuscien (EHESS-Paris) et de Katja Patzel-Mattern (Université de Heidelberg) sous le titre provisoire « Gouverner le travail. Technocratie et renouveau autoritaire en France et en Allemagne, 1914-1945 ».

Doctorant en histoire contemporaine à l'EHESS (Lier-Fyt) et à l'université d'Heidelberg, Jakob Fesenbeckh prépare une thèse intitulée *Gouverner le travail. Technocratie et renouveau autoritaire en France et en Allemagne, 1917-1945*.

YVES COHEN

DOIT-ON DIRE L'AUTORITÉ OU LES AUTORITÉS ?

LE RENONCEMENT À CELLE DE COMMANDEMENT

La réflexion sur l'autorité tout comme l'acception courante du terme sont encore largement enfermées dans le cadre wébérien pensé il y a plus d'un siècle. Weber, pour lequel domination et autorité sont équivalentes, définit la première comme « la chance pour un ordre de rencontrer une docilité ». L'autorité apparaît dès lors comme l'art et l'acte de commander sans opposition[1].

1 — Max Weber, *Économie et société* (1922), Paris, Pocket, 1995, vol. 1, p. 285 (l'équivalence est formulée ainsi : « Herrschaft ("Autorität") », v. p. 95. D'autres passages sont du même ordre.

Cette notion sera reprise par les principaux penseurs de l'autorité, Hannah Arendt et Alexandre Kojève en premier lieu. Arendt (qui admire Weber) ajoute une touche fondamentale en 1961 en posant que l'autorité n'agit ni par la violence ni par la persuasion. Dans un ouvrage composé en 1942 mais publié en 2004[2], Kojève, philosophe, formule une même conception et insiste sur ceci que la contestation de l'autorité l'anéantit *ipso facto*.

Cette conception de l'autorité ramenée à l'autorité de commandement rencontre au XXe siècle une très large audience, tout autant dans les profondeurs du social que dans les sciences humaines, et elle se poursuit aujourd'hui[3]. Elle ne saurait être utilisée telle quelle par les historiens. Elle relève de l'histoire. Elle est formulée à l'époque de l'amplification de la société de masse en bien des aspects : production, consommation, guerre, politique, information, etc., et répond à une exigence partagée alors en toute organisation et institution, celle de contrôler l'essor et le comportement de ces « masses » mêmes[4].

« Cette conception de l'autorité ramenée à l'autorité de commandement rencontre au XXe siècle une très large audience. »

Dès le début du XXe siècle, en même temps que l'autorité est une demande de la part des chefs, elle se présente également comme une demande de chefs. Cette dernière est formulée par certains intellectuels de l'époque. Gustave Le Bon, auteur du *best-seller* mondial paru en 1895 *Psychologie des foules*, y déclare que « les hommes en foule ne sauraient se passer de maître ». L'atmosphère lebonienne qui s'ensuit ne laisse aucune chance aux foules raisonnables, auto-organisées et sans chef. Freud, quand il s'est aperçu à l'issue de la Première guerre mondiale qu'il avait besoin d'une théorie des foules, emprunte celle de Le Bon. Il écrit en 1921 : « [...] la foule veut toujours être dominée par une puissance illimitée, elle est au plus haut degré avide d'autorité ou, pour nous servir de l'expression de M. Le Bon, elle a soif de soumission[5]. » Freud apporte une nuance puisque pour lui « le meneur de la foule incarne toujours le père primitif tant redouté ».

2 — Alexandre Kojève, *La notion de l'autorité*, Paris, Gallimard, « Bibliothèque des idées », 2004.

3 — Parole relevée en septembre 2024 auprès d'une mère et grand-mère disant qu'auparavant : « On avait plus d'autorité. [...] On se faisait obéir. »

4 — Yves Cohen, *Le siècle des chefs. Une histoire transnationale du commandement et de l'autorité (1891-1940)*, Paris, Éditions Amsterdam, 2013.

5 — Sigmund Freud, *Psychologie collective et analyse du moi*, Paris, Payot, 1924, p. 156.

D'un autre côté, on trouve aussi chez Lénine, pour lequel le parti communiste doit être une « organisation de chefs », un usage, subreptice, lui, de la pensée lebonienne dans son fondamental *Que faire ?* de 1902.

« [Le chef] doit être partout, à tous les étages des hiérarchies qui deviennent la forme idéale pour penser l'organisation sociale. »

En ce temps, le chef n'est pas seulement le grand chef, le dirigeant suprême, le haut responsable, le président ou le secrétaire général; toutes formes venues bousculer la figure du roi. Il doit être partout, à tous les étages des hiérarchies qui deviennent la forme idéale pour penser l'organisation sociale. Le chef et le *leader* sont l'incarnation de l'autorité conçue comme l'émission d'un ordre obéi. Un même discours de la « nécessité des chefs » se rencontre en différents pays. Le jésuite Albert Bessières écrit en 1935 un *Évangile du Chef* qui s'ouvre par cette phrase : « Une littérature, chaque jour plus abondante, fait écho à cet appel unanime de l'Église, de la patrie, de l'industrie, du commerce, de l'armée, de la politique : *des Chefs !*[6] » Aux États-Unis la même année, Richard Cabot, professeur d'« éthique sociale » à Harvard, écrit : « Nous avons besoin de leaders dans les entreprises, dans les professions, dans l'éducation, dans l'Église. Nous en avons besoin plus que de toute autre chose[7]. » Tout homme, ceci n'est pas adressé aux femmes, peut, sinon doit, être chef ou leader, ne fût-ce que dans la famille.

Que peut apporter l'histoire dans ce paysage que la sociologie et la philosophie ont contribué à former? S'agissant du XXe siècle même, elle peut dire qu'il n'y a pas seulement une autorité mais, en chaque occurrence, des autorités concomitantes, et comment diverses conceptions de l'autorité s'entrelacent. Sur l'ensemble de la période et jusqu'à aujourd'hui, elle peut montrer la coexistence de figures variées de l'autorité et, dans le moment le plus récent, marqué par les années 1968 et la bascule néolibérale engagée dans les années 1980, elle peut témoigner de la crise de l'autorité sans doute, mais de celle de commandement.

Nombre d'études historiques, sociologiques ou ethnographiques montrent la vie de ces grandes collectivités que sont usines, ateliers, bureaux ou armées. Or, des autorités différentes et simultanées, qui peuvent ou non relever du commandement, y coexistent. Il y règne une autorité majeure, institutionnelle,

6 — Albert Bessières, *L'Évangile du Chef,* Paris, Éditions Spes, 1935, p. 1.

7 — Richard Cabot, *introduction* à Paul Pigors, *Leadership or domination,* Boston & New York, Houghton Mifflin Co, 1935, p. xi-xii.

première, en l'occurrence celle de l'entreprise capitaliste ou celle de l'État. Et il se rencontre des autorités secondaires, formes plus ou moins organisées et variées de protestation ou d'autres postures par rapport au collectif. Dans de tels espaces, l'autorité est sujette à compromis et l'opposition ne la dissout pas. Certains pays comme l'Allemagne composent formellement des ensembles gestionnaires où direction d'entreprise et direction syndicale se joignent pour agir en commun. En France règne plutôt une atmosphère de conflit qui peut aller jusqu'à la grève, à l'occupation, à la séquestration et à la répression par l'intervention policière ou de milices. Le heurt s'apaisant, les autorités entrent plus ou moins facilement en compromis l'une avec l'autre et l'autorité première retrouve une forme proche du pacifique dessin arendtien.

« Des autorités différentes et simultanées, qui peuvent ou non relever du commandement, y coexistent. »

L'anthropologue Véronique Moulinié a montré cette version du rapport formel/informel dans une usine de bois de décoration en exposant la cohabitation fonctionnelle de l'autorité hiérarchique et masculine et d'une autorité alternative des ouvrières dont, en fin de compte, l'activité complète dépend[8]. Pour elle, l'autorité est « morcelée », partagée entre l'autorité première et les autorités secondes qui se sont construites localement, au point que ce partage, apparemment très complet, ne laisse pas de place à la protestation organisée d'un syndicat. Parmi tant d'autres cas possibles, à propos d'une grève à l'usine métallurgique du Creusot en 1899, nous sommes en mesure de parcourir en acte bien des figures de l'autorité industrielle incarnée avec, entre autres, l'entrepreneur et sa femme, l'ingénieur en chef, l'ingénieur, le contremaître, le chef monteur, le vérificateur (contrôleur), le « meneur » ouvrier, le syndicaliste, le militant politique venu de Paris.

Plus en général, si l'autorité de protestation est la plus visible, il en est d'autres qui se profilent comme celle de la compétence, de l'inventivité de contournement, de l'âge (que ce soit la jeunesse ou l'âge mûr), de l'humour, de la critique, de l'organisation de réjouissances, etc. Toutes se combinent, existent

8 — Véronique Moulinié, « La passion hiérarchique. Une ethnographie du pouvoir en usine », *Terrain*, n° 21, octobre 1993, p. 129-142.

de manière plus ou moins collective, se définissent les unes par rapport aux autres et par rapport à l'autorité première, s'articulent, se chevauchent et se coalisent peu ou prou[9]. L'autorité se montre ainsi comme une bataille pour l'autorité qui est une bataille d'autorités. Chacune de ces autorités se constitue dans une conflictualité plus ou moins ouverte et s'installe dans les pauses. Et le commandement est loin d'être toujours présent.

« Si l'autorité de protestation est la plus visible, il en est d'autres qui se profilent comme celle de la compétence, de l'inventivité de contournement, de l'âge. »

Dans ces institutions, il y a donc cohabitation de différentes autorités dont l'une domine et les autres sont plus ou moins dans l'ombre, non sans exister si fort que, de façon presque toujours implicite, l'autorité dominante, hors des périodes de conflit ouvert ou pour les clore, compose, sinon négocie avec elles pour pouvoir s'exercer sans violence et sans persuasion, permettant ainsi l'élaboration philosophique qui la définit au XXe siècle. L'autorité d'Hannah Arendt est celle de batailles apaisées. Elle est dès lors, dans les pratiques, à la fois confrontationnelle et transactionnelle, dans une vision qui n'est plus dans la descendance wébérienne. Il en est de même dans la vie militaire, mais je ne développe pas ce point.

Ainsi, à considérer d'autres autorités que celle de commandement, on s'ouvre à d'autres représentations, ce dont témoignent de nombreuses études développées ces dernières années comme les travaux d'Évelyne Broudoux ou le remarquable livre de Claire Oger, *Faire référence*[10].

De plus, si des autorités différentes peuvent coexister, des *conceptions* différentes de l'autorité, quand elle est celle de commandement, le peuvent aussi. On le voit dans l'expérience industrielle et aussi dans celle du communisme. Une autorité qui s'appuie sur les armes est présente dans les discours de cadres et de penseurs de l'organisation capitaliste de la production et chez d'autres acteurs de l'administration publique. Ceci ne manque pas d'avoir des effets et participe de l'histoire de « l'autorité ». Ils font l'éloge de la force dans l'autorité,

9 — Pratique personnelle d'ateliers industriels durant mon établissement entre 1970 et 1976.

10 — Claire Oger, *Faire référence. La construction de l'autorité dans le discours des institutions*, Paris, Éd. de l'EHESS, 2021.

et les militaires, certes, ne l'oublient ni ne la dédaignent[11]. Le communisme l'affiche aussi, comme le montre un article sur l'autorité publié dans la *Pravda* du 25 février 1934. Ce texte adjure les cadres de toute nature de ne pas se contenter de la dotation formelle d'autorité censée les légitimer et de développer leur autorité personnelle ; et surtout il présente la position marxiste. Il en expose les seules quatre pages qu'on puisse attribuer aux fondateurs du marxisme à propos de l'autorité, publiées en 1874 dans une revue italienne sous la plume de Friedrich Engels[12]. Pour celui-ci, d'un côté, l'autorité relève de la nécessité technique : « L'autorité de la vapeur n'a cure de l'autonomie des individus. » De l'autre, l'autorité est aussi celle des armes, autre matérialité technique : « Une révolution est certainement la chose la plus autoritaire qui soit, c'est l'acte par lequel une fraction de la population impose sa volonté à l'autre au moyen de fusils, de baïonnettes et de canons, moyens autoritaires s'il en est. » Nous sommes radicalement hors du dessin arendtien et les cadres, principalement industriels, qui cherchent à rester dans celle-ci sont sans cesse confrontés, dans le régime soviétique, à cette autre conception. L'autorité reposant sur les armes disqualifie de fait toute légitimité.

« Les années 1968, avec leur composante anti-autoritaire internationale et tous azimuts, commencent à mettre à mal ce grand dispositif de l'autorité édifié depuis les années 1920. »

Autorités et conceptions de l'autorité coprésentes viennent compléter les études classiques qui ne conçoivent les espaces où s'exerce l'autorité que comme continus, verticaux, avec une autorité unique. Même lorsque, comme dans la sociologie américaine depuis un siècle, le fonctionnement de l'autorité est montré comme une acceptation active et créatrice de la part des subordonnés (Mary Follett, Chester Barnard, Herbert Simon, Reinhard Bendix, etc.), nous sommes toujours dans un espace homogène et transparent dans sa verticalité. Seules les opérations « fonctionnelles » de l'organisation moderne des entreprises viennent tempérer cette vision.

Les années 1968, avec leur composante anti-autoritaire internationale et

11 — Voir, par exemple, *La psychologie et la vie*, vol. 5, n° 11, novembre 1931 (« Le problème de l'autorité »), p. 266 et 271.

12 — Friedrich Engels, « Dell'autorità », *Almanacco repubblicano per l'anno 1874* (en ligne).

tous azimuts, commencent à mettre à mal ce grand dispositif de l'autorité édifié depuis les années 1920[13]. La « contestation » de l'autorité ne saisit pas seulement l'université et règne dans les entreprises, à la fois chez les cadres, en particulier jeunes, et chez les ouvriers. L'idée de se débarrasser des ouvriers au profit des automatismes devient le programme industriel global[14]. Des mouvements horizontaux sont créés comme le Mouvement de libération des femmes en 1970 et le Front homosexuel d'action révolutionnaire en 1971. Les débats sur l'invention de nouvelles pratiques égalitaires éclosent en tous lieux, dans l'éducation, les entreprises, la politique, la religion, l'institution, le genre, la sexualité, la culture, la famille, etc. Les légitimités s'effondrent et s'effondrent ensemble. Le taylorisme et la chaîne sont mis en cause dans les usines. Plus généralement, les hiérarchies le sont aussi en tant que dispositifs que les entreprises ont en commun avec les partis et les mouvements sociaux que le communisme veut diriger verticalement. Tout aussi importants que les légitimités, les appuis réciproques qui permettent l'existence d'un monde cohérent d'autorités faillissent. L'un d'eux, la famille, voit en France en 1970 la fin de la « puissance paternelle » et l'apparition dans la loi de l'autorité parentale partagée. Les autorités ne tiennent plus ensemble par l'évidence de « l'autorité » au singulier. Les coups de boutoir contre l'autorité passablement réduite à celle de commandement mettent à mal cette désignation singulière. Ladite « crise de l'autorité » devient un thème d'actualité courant.

« La famille voit en France en 1970 la fin de la “puissance paternelle” et l'apparition dans la loi de l'autorité parentale partagée. »

Les dernières décennies se présentent comme celles de l'affirmation d'un monde post-industriel. Elles sont marquées, à une échelle globale, par la prise en charge par les machines électroniques d'une part de plus en plus grande du travail manuel et mental, accompagnée par l'individualisation croissante du travail concrétisée dans des dispositifs comme l'auto-entreprenariat. Le cours même de la vie subit des efforts pour l'individualiser sous la régie d'une immense puissance technologique capitaliste qui cherche à imposer cette individualisation. Elle opère en particulier par le truchement d'un petit instrument surchargé de techniques matérielles et sociales qui quitte à peine le creux de la

13 — Geneviève Dreyfus-Armand, Robert Franck, Marie-Françoise Lévy et Michelle Zancarini-Fournel (dir.), *Les Années 68. Le temps de la contestation*, Bruxelles, Complexe, 2000 ; *1968-2008. Être anti-autoritaire aujourd'hui !*, *Vacarme*, n° 43, printemps 2008 (en ligne).

14 — Pierre Debos, « L'automation et le problème des O.S. », *Arts et Métiers*, mai-juin 1973.

Caricature de Benito Mussolini, couverture de la revue *Simplicissimus*, publiée à Munich, le 24 septembre 1923.
CC THOMAS THEODOR HEINE

main durant le sommeil, le portable. Il s'impose : serait-il une autorité ? Il le fait par les services extraordinaires qu'il rend de façon concentrée. Il tire de là une légitimité exploitée pour les fins les plus implacables de l'influence par la publicité, la propagande, la désinformation, etc. Ce faisant, la dimension collective de l'activité est mise à rude épreuve.

L'univers rêvé dans les années 1930, fait de chefs en tout point du social, empire pour l'autorité de commandement, a été presque atteint dans les décennies d'après-guerre y compris dans le communisme. Il se dissout imperturbablement. Le phénomène de la *leaderlessness*, ou absence revendiquée de chefs et de leaders, croît dans le monde au cours des cinquante dernières années et est remarquablement accentué depuis le début des années 2010.

Le « besoin de chefs » subsiste toutefois pour les hauteurs sommitales dans les pays aux constitutions présidentielles (et apparentées) et dans les entreprises. Ces dernières déploient de grands efforts pour échapper à la critique de l'autorité en « écrasant » les hiérarchies et en développant l'intelligence collective et le « management horizontal » sous diverses formes, pensées pour ne tout de même pas menacer le rapport capitaliste. Les pyramides d'autorité qui se mettaient en place et se reliaient au début du XXe siècle, objet de tant de théories, sont profondément bousculées et réaménagées dans leurs liens mêmes.

« L'affirmation de l'horizontalité par le rejet de l'autorité de commandement est une contribution à un cheminement de longue durée vers la reconfiguration de la politique. »

Le refus du chef est le résultat des tentatives de maîtrise hiérarchique du XXe siècle, aux effets épuisés ou dépassés. Il se déploie au sein de mouvements sociaux et politiques de toute amplitude ainsi que dans la prolifération de collectifs égalitaires en tous domaines. Il constitue une composante essentielle de la recomposition de l'autorité caractérisée par le rejet de celle de commandement. L'égalité n'est pas un objectif, elle est postulée. L'horizontalité proclamée dans les années 2010 est présente dans des mouvements comme ceux « des places » à Tunis, Istanbul, Le Caire, Kyiv… ou ceux des rues comme celles du Brésil, de la Bulgarie, du Burkina Faso, de Hong Kong, d'Algérie, d'Équateur, de Bolivie, du Liban, ou encore celui des ronds-points en France… Elle se propage dans d'innombrables activités qui prospèrent plus silencieusement et aussi dans les coopératives, les « associations collégiales », les municipalités citoyennes, les ZAD[15]. Leurs participants se refusent à se soumettre à l'inégalité des hiérarchies et à des directions verticales et à assumer des positions d'autorité au sens wébérien[16]. L'affirmation de l'horizontalité par le rejet de l'autorité de commandement est une contribution à un cheminement de longue durée vers la reconfiguration de la politique, de la vie économique et de la relation de collectivité. Dans les assemblées et autres lieux décisionnaires, elle est expérimentée avec joie, sinon allégresse, et sa pratique est addictive. Mouvements et collectifs horizontaux visent aussi à rétablir la vie du collectif en présence.

Beaucoup d'observateurs, universitaires, journalistes ou autres, objectent à la réalité de l'horizontalité. « Pas de leaders ? Hahaha ! », m'a dit une collègue brésilienne. Et certes, l'horizontalité n'a rien de plat, d'uni, de plan. Elle est plutôt un horizon marqué par des hauteurs, des déclivités, des découpages dus à des constructions humaines ou des productions diverses. Les mouvements et les groupes qui recourent à l'horizontalité sont les premiers à s'interroger sur leur manière de porter ce projet, à veiller à l'effectivité de sa mise en œuvre, à relever les infractions, en d'autres termes, à être réflexifs et réactifs à l'égard d'une horizontalité qu'ils veulent réelle, qui n'est surtout pas uniforme et qui ne doit pas être l'anticipation d'une restauration éventuelle du commandement.

« La légitimité provient de la contribution pratique au collectif égalitaire par des actes en présence, y compris de langage. »

Ce que m'a montré une observation engagée, entre d'autres, dans le mouvement des Gilets jaunes et dans une école coopérative à São Paulo, *Ponte*, qui se veulent sans *leader*, c'est que des personnes se trouvent avoir un rôle prépondérant dans les diverses activités, mais que le chef en tant que rôle, fonction ou posture n'existe pas. Il ne s'agit ni d'une fiction ni d'un subterfuge. Ces personnes ne donnent pas d'ordres, et toutefois de l'autorité s'exerce bien. La légitimité provient de la contribution pratique au collectif égalitaire par des actes en présence, y compris de langage. Elle est fort éloignée de la typologie

15 — Yves Cohen, « Horizontality in the 2010s. Social Movements, Collective Activities, Social Fabric, and Conviviality », *Working Paper*, n° 40, Berlin et São Paulo, Mecila, 2021 (en ligne) ; Nilufer Gole, Richard Rechtman, Sandra Laugier, Yves Cohen, *Revendiquer l'espace public*, Paris, CNRS Éditions, 2022.

16 — Voir *1968-2008*, *op. cit.* ; Kathya Araujo, *El miedo a los subordinados. Una teoría de la autoridad*, Santiago, LOM Ediciones, 2016.

wébérienne – la tradition, la rationalité scientifique et la personne et son charisme (ce dernier point devant faire l'objet d'un profond débat).

Là paraît l'une des difficultés du renoncement à l'autorité de commandement. Quelles sont les autres[17] ? Comment les définir ? Sont-elles vraiment des autorités ? Forment-elles un ensemble dénommable et pensable ? Ces questions sont à la fois celles des acteurs et celles des chercheurs.

J'ai pu constater qu'il existe en général une veille active quant au respect de l'horizontalité. Cette maintenance est constante et explicite et constitue certainement une légitimité. Dans une économie des pratiques, chacune et chacun se contiennent pour ne pas paraître vouloir exercer une position de commandement. S'il se profile une dérive, elle est immédiatement relevée. Ce faisant, la manifestation de formes variées d'autorité est incontestable[18]. Elles peuvent être celles d'une autorité morale et de la parole, celles du savoir et de la réflexion, celles de l'initiative pratique et de l'expérience, celles de l'interpellation et de la proposition, celles de l'humour et de la sage pensée, celles de l'intervention artistique et de la performance, etc. Ainsi, les leaders qui apparaissent n'en sont-ils pas vraiment… tout en n'ayant pas d'autre nom. Les documents produits par les Gilets jaunes montrent l'usage de noms comme celui de « *leadeuse* » (*sic*), de « Mascotte » ou de « Gourou » pour désigner des personnes prépondérantes. La presse a identifié, sinon créé, des « figures ». Mais aucune de ces personnes ne saurait être chef, ni se faire appeler ni se conduire comme tel. À *Ponte*, Teresa trouve normal qu'une parole s'impose parce qu'elle place l'argument mieux que d'autres et elle n'y voit pas d'infraction à l'horizontalité. Cette parole peut être suivie sans que cela relève d'une obéissance. Ou seulement écoutée, intégrée à la réflexion collective, participant à une décision consensuelle et en fin de compte, ce qui importe aussi, reconnue comme autorité quoiqu'elle ne soit pas de commandement.

Le rappel des règles est un grand consommateur de temps, autre aspect, délicat, de la légitimité de la réflexivité. Celles auxquelles les Gilets jaunes en appellent et celles que *Ponte* promeut visent tout autant à affirmer en pratique une horizontalité juste et égalitaire qu'à réduire les réflexes, plus souvent qu'à leur tour teintés de machisme, dus à des siècles et des millénaires de patriarcat (enjeux des temps de parole, de l'égalité entre genres…). La réserve dans l'affirmation de soi et la retenue en fait de comportement assertif ou autoritaire sont

17 — Antoine Garapon et Sylvie Perdriolle (dir.), *Quelle autorité ?*, Paris, Autrement, 2000.

18 — Yves Cohen (dir.), *Les formes de l'autorité, de la grandeur au charisme*, atelier de la revue en ligne *Politika*, 2022-2023.

réclamées. Les charges qui apparaissent sont électives et doivent rester temporaires et révocables, comme dans la vie ouvrière du XIXe siècle. Tous et chacun sont censés prendre la parole dans les assemblées et réunions. L'acceptation de « la perte de contrôle » sur les actions pour ne pas s'imposer au mouvement même ou à des mouvements externes est un trait notable de ces expériences. Elle est foncièrement opposée à la volonté de diriger toute effervescence, portée par les partis politiques, en particulier communistes, au XXe siècle. Cet ensemble en est d'ailleurs l'image inversée.

À part une fois dans une assemblée de Gilets jaunes en région, je n'ai jamais observé un désir de s'imposer comme chef, même pas une velléité. Elle aurait été absorbée dans le refus de tous. Tout se passe comme si ce rejet était anticipé par chacun, avec pour effet de retirer ce désir de la scène, et que prévalait le respect du choix de n'avoir pas de leader déclaré dès l'origine et qui fonctionne comme un impératif. À l'école coopérative de São Paulo qui rejette direction et même coordination au profit de groupes égalitaires, la préservation de l'autorité pédagogique a pourtant été voulue pour assurer la transmission des savoirs.

« Différentes formes d'autorité ont ainsi leur place à condition qu'elles se refusent à affirmer un pouvoir de commandement. »

Différentes formes d'autorité ont ainsi leur place à condition qu'elles se refusent à affirmer un pouvoir de commandement, ce qui est une forme de légitimation car « celui qui "reconnaît" une Autorité (et il n'y a pas d'Autorité non "reconnue") reconnaît par cela même sa "légitimité" », écrivait Kojève[19]. Nous sommes bien en présence d'autorités au pluriel mais qui ne relèvent pas de l'émission d'ordres destinés à être obéis. Elles ont leurs propres légitimités qu'elles trouvent dans l'action même, comme celle de servir le collectif, d'être réflexifs, de donner chance aux personnes de s'épanouir dans la contribution au groupe et non de s'y effacer ou d'y dominer, de se rendre capables d'agir ensemble tout en étant en désaccord, etc.

Est-ce une nouvelle époque qui s'ouvre pour l'autorité ? Dans les études qui lui sont consacrées, savoir si l'on doit formaliser, catégoriser et classer ces autorités de la vie ordinaire comme celles des collectifs horizontaux est une question intellectuelle légitime, même si tenter d'être exhaustif serait

19 — Alexandre Kojève, *op. cit.*, p. 62.

vain. Dans la perspective du présent essai, nous pourrions toutefois souligner quelques aspects.

Car les supports de l'autorité sont multiples : ce sont des personnes, des objets, des textes (comme le Mahabharata, la Bible, *Que faire ?* ou une simple note de référence ou encore une partition), une parole comme l'Appel du 18 juin, des machines (qui dictent les règles de leur usage), des édifices (comme la Tour Eiffel qui retient Paris de dépasser 7 étages). Les autorités peuvent être transcendantes et dépasser toute incarnation, comme la société à laquelle en appelle Durkheim et ses institutions, la vapeur évoquée par Engels, mais aussi, disons, la nation, le plan, le dispositif et surtout l'image et la sculpture, tant mobilisées à tous les âges.

L'autorité est souvent aussi dite naturelle (...comme celle de Kamala Harris !). Elle peut encore être l'autorité sur soi-même. Celle-ci préside à la retenue exigée par l'assemblée horizontale pour s'interdire un comportement qui suggère une position de commandement. C'est aussi celle des Soviétiques qui limitaient, à leur dire même, leurs besoins de consommer simplement pour survivre.

L'autorité peut ne viser aucune influence sur le comportement et en avoir sur la pensée, comme l'autorité morale d'une philosophe ou d'un sage. Il en est de même de « l'autorité cognitive », de l'autorité informationnelle (dans l'usage des réseaux) ou de celle du savoir. Il ne faut sans doute pas équivaloir cette dernière à celle de la science. La pandémie a montré à quel point l'autorité de la science, cette légitimité majeure du XXe siècle, était affectée. Elle a peut-être été victime de son usage démesuré par les pouvoirs au cours de ce siècle, de son commerce, sinon de sa compromission, avec les institutions, comme à travers l'expertise, mais aussi de l'immense accès aux savoirs offert par l'Internet. S'autoriser de la science a constitué pour beaucoup de politiques et de gestionnaires une garantie d'être écoutés pour des fins dont certaines se sont révélées catastrophiques ou vouées à l'échec, et ceci à l'échelle de l'humanité.

Les autorités sont des postures par rapport au collectif dont chacune a sa spécificité. Leurs manifestations peuvent être l'émission d'ordres et aussi l'invitation à l'écoute, la contribution à la pensée collective, la communication de l'expérience ou de traits d'esprit, le témoignage – comme celui des survivants des camps ou des femmes violées ou agressées –, et tant d'autres. Elles sont des actes qui consistent à se montrer présentes ou à s'imposer, comme aussi s'imposent des objets, à l'instar du portable. Par ailleurs, dans l'analyse, il ne suffit pas de recourir à l'énonciation des légitimités. L'autorité peut être installée, obéie, avoir sa légitimité assise et pourtant être honnie. Ceci est susceptible d'avoir un effet profond et de longue durée. Les sciences sociales disposent désormais d'outils pour penser cette dimension, l'*Eigensinn* d'Alf Lüdtke, le *hidden transcript* de James Scott ou le *quiet encroachment* d'Asef Bayat[20].

À mettre en question l'usage (exclusif) du singulier quant à l'autorité et à renoncer à centrer cette notion sur le commandement s'ouvre un champ illimité de recherche. L'histoire y est prometteuse et le moment actuel une occasion certaine. On parvient à une vision de la contribution des autorités à la vie sociale très différente de celle de « l'autorité » qui s'est imposée au XXe siècle. Elle rejoint les conceptions spontanées de la réflexion et des pratiques ouvrières et populaires du XIXe siècle avant que fordo-taylorisme et communisme n'imposent au monde leur immense autorité se réclamant de la science durant, disons, une bonne soixantaine d'années[21].

L'observation des pratiques sans regard normatif est en mesure de nourrir les sciences sociales, de faire bouger les concepts et de contribuer à les renouveler. Il importe donc de repartir des expériences et des inventions, locales ou non mais diverses, avec une attention non seulement aux relations des humains entre eux et avec les choses, mais aux mots employés par les acteurs-mêmes et d'abord à celui d'autorité. Cette attention et cette observation peuvent être décisives dans le remaniement de la notion d'autorité dans les sciences sociales tout comme dans la vie.

20 — Alf Lüdtke, *Des ouvriers dans l'Allemagne du xxe siècle. Le quotidien des dictatures*, Paris, L'Harmattan, 2000 ; James C. Scott, *La domination et les arts de la résistance. Fragments du discours subalterne*, Paris, Éditions Amsterdam, 2008 ; Asef Bayat, *Life as Politics. How Ordinary People Change the Middle East*, Palo Alto, Stanford University Press, 2009.

21 — Jacques Rancière a longuement attiré l'attention sur ces dimensions.

Directeur d'études à l'EHESS (CRH), Yves Cohen travaille sur l'histoire de l'action au XXe siècle. Il est notamment l'auteur de *Le siècle des chefs. Une histoire transnationale du commandement et de l'autorité (1891-1940)*, Paris, Éditions Amsterdam, 2013.

LUCIE RONDEAU DU NOYER

LE TAYLORISME, UN HORIZON INDÉPASSABLE ?

D'un point de vue historique, la cause paraissait entendue au tournant du XXIe siècle. Même si la « figure classique de l'ouvrier taylorisé » continuait de dominer dans le Sud global[1], le taylorisme, dans son sens premier de méthode systématique de lutte contre la « flânerie ouvrière » mise au point par l'ingénieur mécanicien Frederick W. Taylor au début du XXe siècle, semblait avoir fait long feu dans son berceau nord-américain et, plus largement, dans tout l'Occident désindustrialisé.

1 — Ramzig Keucheyan, *Hémisphère gauche*, Paris, La Découverte, 2010, p. 271.

Cependant, un quart de siècle après la publication du *Nouvel esprit du capitalisme*, de nombreux observateurs des mondes du travail, à commencer par Luc Boltanski, diagnostiquent un retour partiel du taylorisme dans les sociétés post-industrielles. Alors que le télétravail s'est généralisé depuis la crise sanitaire, les études consacrées au développement du « taylorisme digital[2] » dans les entrepôts des grandes sociétés du numérique et ailleurs se multiplient.

Depuis les années 1970, les sociologues du travail ont pris l'habitude d'accoler au terme de « taylorisme » un adjectif ou un complément de nom[3] pour désigner toutes les nouvelles formes d'organisation du travail reconduisant la « distinction de l'exécution et de la conception[4] » au sein du processus de production. Quoiqu'il puisse être contesté sur le plan analytique, cet élargissement de sens du taylorisme au-delà de la doctrine propre de Taylor a pour intérêt de nous pousser à nous interroger sur l(es) autorité(s) dont ont pu successivement se prévaloir les différents acteurs et groupes qui se sont chargés, depuis les années 1900, de contrôler étroitement le travail d'autrui.

LE TAYLORISME, UNE « SCIENCE » DU TRAVAIL **QUI VEUT FAIRE AUTORITÉ**

Soucieux de rappeler que le taylorisme *stricto sensu* ne s'est pas imposé sans mal ni sans résistance, plusieurs historiens et sociologues du travail ont adopté une perspective critique sur la méthode de Taylor en rappelant qu'à la fin du XIXe siècle, elle ne constituait qu'une école de *management* parmi de nombreuses autres. Insister, comme le fait François Vatin[5], sur cette diversité permet de relativiser la puissance du taylorisme et de mieux en faire ressortir la spécificité. Contrairement à d'autres figures de grands *managers* plus pragmatiques, comme le Français Ernest Mattern chez Peugeot[6], Taylor et ses continuateurs estiment que leur méthode fera plus autorité que les autres grâce à son statut de « dispositif scientifique[7] ».

2 — Matthew Cole, Hugo Radice et Charles Umney, « The Political Economy of Datafication and Work : A New Digital Taylorism ? », *Socialist Register*, n° 75, 2021, p.78-99 et Jérôme Gautié, Karen Jaehrling et Coralie Perez, « Neo-Taylorism in the Digital Age : Workplace Transformations in French and German Retail Warehouses », *Relations Industrielles / Industrial Relations*, vol. 75, n° 4, 2020, p. 774-795.

3 — Maurice de Montmollin, *Le taylorisme à visage humain*, Paris, PUF, 1981.

4 — Michel Freyssenet, « Taylorisme : us et abus d'un terme », *La Lettre du CSU*, mai 2003, p. 7-8.

5 — François Vatin, « Du nouveau sur le taylorisme, la discipline du travail et la manière d'écrire l'histoire ? », *Revue du MAUSS*, vol. 22, n° 2, 2003, p. 427-445.

6 — Yves Cohen, *Organiser à l'aube du taylorisme. La pratique d'Ernest Mattern chez Peugeot, 1906-1919*, Besançon, Presses universitaires franccomtoises, 2001.

7 — Michelle Perrot, « The Three Ages of Industrial Discipline in France » in Merrimam, John M. (éd), *Consciousness and Class Expe-*

Selon Taylor, le transfert des activités de conception du travail depuis l'atelier vers un bureau de méthodes se justifie en effet par la formation scientifique reçue par les ingénieurs. Reste un problème de taille pour les tayloriens : du fait de la collecte et de la systématisation des savoir-faire ouvriers par le bureau des méthodes, les contremaîtres et les contremaîtresses se trouvent définitivement dépossédés, au tournant du XXe siècle, de leur statut d'hommes et de femmes de l'art. Dans le cadre de l'organisation taylorisée du travail, ils et elles sont cantonnés à des tâches de surveillance et n'effectuent plus les actions de formation et de maintenance qui constituaient le fondement de leur autorité depuis les débuts de la grande industrie mécanisée[8]. Pour faire persister dans les entreprises « l'empire des contremaîtres[9] », le taylorisme a donc dû prendre appui sur des tendances idéologiques et culturelles qui lui étaient contemporaines, comme le scientisme et la tendance d'une partie des pionniers des sciences sociales - comme les Français Gabriel Tarde et Gustave Le Bon - et des organisations politiques et économiques - y compris ouvrières et socialistes[10] - à naturaliser l'autorité[11].

LE TAYLORISME, STADE SUPRÊME DE **L'ORGANISATION DU TRAVAIL CAPITALISTE ?**

En réinscrivant la méthode de Taylor dans l'histoire longue de l'industrialisation, la démarche socio-historique a contribué à montrer que le succès du taylorisme procède moins de l'autorité de la science dont elle se réclame que de changements plus généraux dans les sociétés industrielles. Critique acerbe de Taylor, le sociologue Harry Braverman n'hésite pas à proclamer dans *Travail et capitalisme monopoliste* publié en 1974 que le taylorisme, comme toutes les autres tentatives d'organisation « scientifique » du travail, relève de la pseudo-science[12].

rience in Nineteenth Century Europe, New York / Londres, Holmes et Meier, 1979.

8 — François Jarrige et Cécile Chalmin, « L'émergence du contremaître. L'ambivalence d'une autorité en construction dans l'industrie textile française (1800-1860) », *Le Mouvement Social*, n° 224, 2008, p. 47-60 et Philippe Lefebvre, *L'invention de la grande entreprise : travail, hiérarchie, marché. France, fin XVIIIe – début XXe siècle*, Paris, PUF, 2003.

9 — Daniel Nelson, *Managers and Workers : Origins of the New Factory System in the United States, 1880-1920*, Madison, University of Wisconsin Press, 1975.

10 — Friedrich Engels, « De l'autorité » (octobre 1872) In Karl Marx et Friedrich Engels, *Œuvres choisies en deux volumes*, Moscou, Éditions du Progrès, 1955.

11 — Yves Cohen, *Le Siècle des chefs. Une histoire transnationale du commandement et de l'autorité (1890-1940)*, Paris, Éditions Amsterdam, 2013.

12 — Harry Braverman, *Travail et capitalisme monopoliste*, Paris, Les Éditions sociales, 2023 [1974], p. 78.

Quoique l'écrivain marxiste se moque ouvertement de l'obsession des ingénieurs tayloriens pour la mesure et la collecte des données, il consacre cependant de larges passages de son ouvrage devenu classique à l'étude dans le détail des travaux de Taylor et les cite extensivement. Braverman considère les écrits de l'ingénieur comme une présentation sans égale de l'approfondissement de la « division manufacturière du travail » à l'époque du capitalisme industriel. Plus précisément, il décrit *The Principles of Scientific Management* (1911) comme une conscientisation et une explicitation sans pareille des trois principes qui se trouvent au fondement de l'organisation du travail spécifiquement capitaliste : « la dissociation du processus de travail et de l'art de l'ouvrier », « la séparation de la conception et de l'exécution » et le « monopole du savoir » par les ingénieurs qui se fait au détriment des ouvriers autrefois détenteurs d'un métier[13].

L'intérêt de Braverman pour Taylor porte principalement sur les conséquences sociales qu'il attribue au projet de l'ingénieur : disparition des métiers artisanaux et ouvriers, déshumanisation des travailleurs réduits à être des « mains » privées de leur « cerveau », dégradation du travail. L'un des aspects les plus fascinants de *Travail et capitalisme monopoliste* est l'affirmation que cette dégradation ne touche pas seulement les ouvriers mais aussi les employés et employées de bureau et, à plus long terme, une partie des ingénieurs. Braverman estime en effet que dans une organisation du travail de type taylorienne, ce n'est jamais l'expert du travail, mais bien le « capital », qui possède l'autorité en dernier ressort. Selon le sociologue marxiste, c'est le passage du capitalisme individuel au capitalisme institutionnel ou « monopoliste » à la fin du XIXe siècle qui a conduit beaucoup de ses collègues à surestimer le poids de la technologie et des ingénieurs dans le taylorisme, alors que cette technologie est avant tout la traduction d'un antagonisme profond entre travail et capital.

Alors même que les travaux de Braverman ont longtemps fait l'objet d'une réception limitée en France, une nouvelle génération de chercheurs a récemment décidé de faire des trois « principes tayloriens » mis en avant par Braverman une grille de lecture pour ausculter les mutations de différents types de travail, y compris dans le domaine du *care*. Dans sa thèse de doctorat

13 — Harry Braverman, *op. cit.*, p. 99-104.

Composition XIV, huile sur toile, 94 cm x 65 cm
PIET MONDRIAN

en sciences économiques, Alexis Jeamet cherche ainsi à montrer comment les réorganisations du secteur public de la santé en France depuis les années 1970 ont abouti à un nouveau taylorisme hospitalier[14]. Quant à la sociologue Danièle Linhart, elle estime que les technologies numériques ont permis l'avènement d'un « hyper-taylorisme » puisque, comme les méthodes de Taylor en son temps, les logiciels utilisés par les *managers* pour organiser le travail de manière de plus en plus personnalisée[15] sont couramment présentés comme une application directe, dans le monde du travail, de la recherche scientifique la plus avancée[16].

RENOUVELER LES MÉTIERS **OU METTRE FIN À LA DIVISION DU TRAVAIL ?**

Pendant la décennie 1970, des observateurs du travail impliqués dans différents mouvements de gauche, comme Braverman ou Robert Linhart[17], se désolaient de voir que les méthodes tayloriennes étaient encore en usage dans l'espace soviétique. Pour ces chercheurs engagés, c'était la preuve que même des bouleversements politiques de grande ampleur ne pouvaient pas garantir le dépassement du taylorisme, expression exacerbée de la « division manufacturière du travail » spécifique à l'épanouissement du mode de production capitaliste. Attentifs aux expérimentations d'organisation alternative du travail qui avaient alors cours en Yougoslavie, en Chine et à Cuba, certains auteurs de gauche, comme André Gorz[18], ont alors affirmé que la voie autogestionnaire et antiautoritaire serait le moyen privilégié de dépasser à la fois l'horizon du taylorisme et celui du capitalisme. À l'heure de l'urgence écologique, la défense gorzienne du développement de formes de travail extérieures à la grande entreprise hiérarchisée connaît un regain d'intérêt[19].

14 — Alexis Jeamet, « De la fin du taylorisme à la "mobilisation totale" de la force de travail ? Du capital à l'hôpital », Université Paris-Nord - Paris XIII, 2021.

15 — Danièle Linhart, « Le modèle managérial moderne : un taylorisme et une subordination personnalisés », *Psychotropes*, vol. 24, n° 3, 2018, p. 21-36.

16 — Danièle Linhart et *al.*, « Le numérique, aboutissement rêvé du taylorisme ? », *Socio-anthropologie*, n° 47, 2023, p. 179-190.

17 — Robert Linhart, *Lénine, les paysans, Taylor*, Paris, Éditions du Seuil, 1976.

18 — André Gorz, *Critique de la division du travail*, Paris, Éditions du Seuil, 1973.

19 — Céline Marty, « L'autogestion du temps : le projet existentialiste et anticapitaliste d'André Gorz », *Mouvements*, n° 114, 2023, p. 28-37.

Alors que certains estiment que le développement d'une éthique du « faire » dans les *hacker spaces*[20] pourrait servir de point de départ à la généralisation de ces façons de travailler non autoritaires, le promoteur des low-tech Philippe Bihouix[21] estime en revanche que le dépassement du taylorisme nécessite une mutation culturelle et morale à l'échelle de toute la société. Préconisant le « retour en grâce des métiers manuels », Bihouix a conscience qu'un tel changement suppose en fait une réforme de l'enseignement capable de mettre fin à la division entre enseignement technique et enseignement général. Or, il est difficile d'imaginer remettre en question la séparation entre travail intellectuel et travail manuel à l'école sans toucher à d'autres principes organisateurs de nos sociétés capitalistes. Dans les années 1970, le penseur Ivan Illich estimait d'ailleurs que seule la remise en cause radicale du monopole de certaines professions autorisées et faisant autorité, comme celle des médecins[22], permettrait de mettre un terme à l'organisation autoritaire et contre-productive des services publics.

Sans que l'on soit obligé de souscrire à toutes les suggestions de Braverman, Gorz ou Illich, celles-ci ont le mérite de nous rappeler que toute réflexion sur le dépassement du taylorisme gagne à être appuyée sur des considérations plus générales à propos des différentes formes de division du travail. Les études sur le taylorisme qui ont fait date ne se contentent pas de rendre compte de l'organisation du travail au sein des usines et des bureaux ; elles s'intéressent aussi systématiquement à l'organisation du travail à l'échelle de la société tout entière. D'un point de vue analytique comme politique, c'est à condition de ne pas laisser de côté cette « division sociale du travail » que l'exaltation des « métiers » manuels comme antidote aux principes tayloriens, qui n'ont pas disparu avec le XXe siècle, n'en demeurera pas au stade d'un discours nostalgique[23], voire mythique[24].

L'étude multiscalaire de la division du travail permet également de tenir à bonne distance tous les discours qui continuent à vouloir présenter les visages successifs du taylorisme comme autant de progrès technologiques. Si, au contraire des méthodes de Taylor, le vocable de taylorisme ne s'est jamais

20 — Michel Lallement, *L'Âge du faire. Hacking, travail,* anarchie, Paris, Éditions du Seuil, 2015.

21 — Philippe Bihouix, *L'Âge des low-tech. Vers une civilisation techniquement soutenable*, Paris, Éditions du Seuil, 2014, p. 305.

22 — Ivan Illich, *Némésis Médicale, l'expropriation de la santé*, Paris, Seuil, 1975.

23 — Yves Lequin, « Le métier » *in Ouvriers, villes et société. Autour d'Yves Lequin et de l'histoire sociale*, Paris, Nouveau monde éditions, 2005, p. 191-224.

24 — Jacques Rancière, « The Myth of the Artisan Critical Reflections on a Category of Social History », *International Labor and Working-Class History*, n° 24, 1983, p. 1-16.

démodé et que celles et ceux qui veulent interpréter ou transformer le monde social continuent de l'utiliser, c'est souvent pour rappeler que l'enjeu principal de toute « organisation » du travail, aussi neutre et rationnelle se déclare-t-elle, est de garantir la subordination des salariés[25].

25 — Danièle Linhart, *L'insoutenable subordination des salariés*, Toulouse, Érès, 2021.

Ancienne élève de l'École Normale Supérieure de Paris et agrégée d'histoire, Lucie Rondeau du Noyer est actuellement doctorante en histoire de la pensée économique à l'EHESS et au CIRED. Elle est membre du comité de rédaction de la revue *Germinal*.

BRUNO ROBBES

L'AUTORITÉ À L'ÉCOLE ET SON INSTRUMENTALISATION POLITIQUE

C'est peu de dire que la question de l'autorité s'est installée dans le débat public actuel sur l'éducation et l'école. Omniprésente à l'époque de mai 1968, elle s'était faite plus discrète avant de réapparaître à partir des années 2000 dans les propos des ministres de l'Éducation nationale, puis récemment chez les plus hauts responsables de l'État. Or, face à la montée des conservatismes et aux discours de crise, repenser l'exercice de l'autorité éducative dans un environnement complexe relève de l'urgence démocratique. Encore faudrait-il que les responsables politiques ne la délégitiment pas…

C'est Jack Lang qui en 2001, souhaitait que soit réhabilitée « cette belle notion d'autorité » distincte de l'autoritarisme. C'est Xavier Darcos qui en 2002, évoquait l'instauration d'une pédagogie de l'autorité qui marquerait « une rupture avec le laxisme et la dispersion ».

C'est encore Luc Ferry qui, en 2003 dans sa *Lettre à tous ceux qui aiment l'école*, déclarait qu'une restauration de l'autorité des enseignants devait s'appuyer sur leur mission première de transmetteurs de savoirs et sur des sanctions efficaces, tout en écrivant : « Il ne s'agit pas tant d'entreprendre une restauration impossible que de chercher à savoir quelles formes d'autorité pourraient convenir à des individus, adolescents ou adultes, épris de liberté et peu soucieux de rétrograder vers des formes archaïques d'exercice du pouvoir[1]. » Si ces propos montrent la coexistence de visions opposées de l'autorité, l'une traditionnelle et l'autre émancipatrice, ils soulignent aussi que la question de l'autorité est l'objet de controverses et de luttes, mais aussi qu'elle structure le champ éducatif. Nous pourrions multiplier les exemples de déclarations de ce type jusqu'à aujourd'hui, tant ressurgissent périodiquement des prises de parole de responsables politiques à propos de l'autorité en éducation, en particulier lors d'événements dramatiques (attentats de 2015, assassinat de Samuel Paty en 2020, mort de Nahel à Nanterre en 2023). Les déclarations se sont multipliées au cours l'été puis de l'automne 2023, de la part du président de la République Emmanuel Macron d'abord, puis du ministre de l'Éducation nationale Gabriel Attal devenu Premier ministre. Leur tonalité (« choc », « ordre », ...) laisse peu de doute au plan sémantique, tant et si bien que l'on peut se demander si ces discours participent d'une (re-)fondation politique et sociale d'une autorité juste ou reconnue telle, ou s'ils ne s'adressent pas plutôt à la frange conservatrice de l'opinion publique[2]. Dans un contexte où l'extrême droite est désormais aux portes du pouvoir, il devient plus qu'urgent de s'outiller intellectuellement pour repenser la question de l'autorité, dans nos sociétés comme dans l'éducation et à l'école.

« Chez celles et ceux qui réclament son « rétablissement », sa « restauration », perdure l'idée que l'autorité pourrait s'exercer par la force. »

1 — Luc Ferry, *Lettre à tous ceux qui aiment l'école*, Paris, Odile Jacob, 2003.

2 — Bruno Robbes : « L'autorité ne se décrète pas, et les enseignants le savent bien », entretien avec Luc Cédelle, 19 septembre 2023, *Le Monde*. [En ligne]. <https://www.lemonde.fr/idees/article/2023/09/19/bruno-robbes-l-autorite-ne-se-decrete-pas-et-les-enseignants-le-savent-bien_6189952_3232.html>

Ainsi est-il indispensable de définir ce dont on parle lorsqu'on emploie le terme d'autorité. Chez celles et ceux qui réclament son « rétablissement », sa « restauration », perdure l'idée que l'autorité pourrait s'exercer par la force. Or, les définitions de référence de l'autorité, telles celles des philosophes dont Hannah Arendt souvent citée, affirment que l'autorité est une influence qui s'exerce sans recourir à la force et que là où la force est employée, l'autorité a échoué. Il reste que dans son sens commun, l'autorité est confondue avec un pouvoir de contrainte et associée à un recours possible à la force. En ce sens, nous avons nommé « autorité autoritariste » la relation où le détenteur d'une fonction statutaire exerçait une domination sur l'autre afin d'obtenir de lui une obéissance inconditionnelle sous la forme d'une soumission. Si dans une relation éducative, il existe des situations où le parent, le professeur, doivent mettre en place des limites non négociables et les tenir, cette conception autoritariste se caractérise par la volonté de détenir un pouvoir indiscuté, d'avoir une emprise totale sur l'autre dans une forme de toute-puissance. Elle s'impose unilatéralement et systématiquement, sans discussion ni explication, dans un rapport de force où l'autre n'est pas pris en compte. Dans la pratique, elle peut user de la force physique, de pressions psychoaffectives sur l'enfant ou le jeune (jouant sur la séduction, la manipulation, le chantage, la culpabilisation, le harcèlement).

Il existe aussi une tendance inverse en apparence, qui consiste à refuser l'idée d'autorité et son exercice au nom de son caractère prétendument illégitime et anti-éducatif. Nous parlons ici d'« autorité évacuée » (ou « autorité transférée », car l'autorité ne peut pas ne pas s'exercer). En famille, elle se manifeste à travers les difficultés des adultes à poser des limites, à rappeler la loi commune, à soutenir le conflit avec les enfants. À l'école, elle s'observe à travers le refus d'intervenir de certains professeurs pour gérer des incidents entre élèves, la baisse des exigences scolaires pour s'éviter des conflits, les exclusions de classe ou d'établissement (lesquels au final contreviennent au droit des élèves à l'éducation).

« L'enjeu de son exercice réside non pas dans la violence ou l'abandon, mais dans la création, le maintien et l'entretien de la relation éducative. »

Ajoutons immédiatement que parler d'autorité à propos de ces deux conceptions n'est qu'un artifice de langage, car ni l'une ni l'autre ne relèvent de l'autorité. La première est un abus de pouvoir, la seconde un déficit d'exercice d'autorité. Nous comprenons déjà mieux l'ambivalence des éducateurs – parents et enseignants – devant l'exercice de l'autorité, dans un contexte sociétal qui le complexifie. Pour autant, il est possible de redéfinir l'autorité dans une perspective éducative : l'enjeu de son exercice réside non pas dans la violence ou l'abandon, mais dans la création, le maintien et l'entretien de la relation éducative. Sans cette relation en effet, aucune influence n'est possible.

« L'autorité éducative associe une responsabilité statutaire, une autorisation personnelle et une capacité fonctionnelle. »

Ainsi, l'autorité éducative telle que nous la concevons ne désigne pas un point d'équilibre entre « carotte et bâton », mais une conception émergente dégagée de l'examen des origines et du sens de l'autorité dans les sciences humaines et sociales. Celles-ci nous apprennent d'une part, que l'autorité est aux fondements de l'humanisation, consubstantielle du lien humain et principe régulateur du lien social ; d'autre part, qu'elle est un phénomène psychique, de l'ordre d'une subjectivité incarnée et un phénomène pris dans une relation, de l'ordre d'un social institué. La relation d'autorité est donc une condition de l'éducation. L'autorité éducative associe une responsabilité statutaire, une autorisation personnelle et une capacité fonctionnelle. Dans le cadre scolaire, nous la définissons comme une relation transitoire articulant l'asymétrie et la symétrie entre un enseignant et un élève, qui naît d'une volonté d'influencer de la part du détenteur de l'autorité statutaire et recherche la reconnaissance de celui sur qui elle s'exerce, par l'obéissance (non confondue avec la soumission) et le consentement, en visant qu'il s'engage dans un processus d'autorisation de soi. C'est la durée qui la légitime.

Venons-en maintenant au contexte sociétal dans lequel la relation d'autorité s'exerce. Il est banal d'évoquer une crise de l'autorité dans les sociétés occidentales, en laissant entendre qu'il n'y aurait plus d'autorité et qu'il faudrait la rétablir. Un examen historique démontre pourtant que cette remise en question n'est pas nouvelle. De l'émergence du protestantisme à la Révolution française de 1789, c'est le principe de transcendance divine duquel émane l'autorité politique qui est remis en cause au profit du principe de rationalité. En régime démocratique, c'est le consentement du peuple qui conditionne l'exercice de l'autorité légitime. Plus près de nous, de la deuxième moitié du XXe siècle au mouvement social, politique et culturel de 1968, c'est l'autorité traditionnelle, patriarcale, qui ne fait plus consensus social. Les institutions qui l'incarnent (la famille, l'école…) sont contestées jusque dans leurs formes, parfois au risque d'évacuer toute contrainte sociale visible. Cette crise s'explique en partie par la montée de l'individualisme dans nos sociétés, où le développement de la valeur « individu » et de l'autonomie personnelle va transformer progressivement le rapport subjectif à la norme, créant une certaine méfiance à l'égard de ceux qui la transmettent. Ainsi, les sociétés occidentales ont érigé l'individu en valeur souveraine, l'autorisant à choisir ses appartenances ou à s'en exonérer. Les questions globales (injustices sociales ou économiques, transition écologique, rapports au droit et au politique, rapport à la santé ou à l'école) n'intéressent aujourd'hui l'individu que s'il est concerné personnellement. Cette crise du sens et de la transmission, qui n'est pas liée à l'absence de normes mais à leur multiplicité, pose des problèmes inédits en termes de lien social. Ce qui allait de soi dans les institutions nécessite désormais explication, voire négociation, pour emporter l'adhésion. Loin de disparaître, la relation d'autorité se complexifie, rendant de plus en plus difficile l'incarnation d'un statut ou d'une fonction. En ce sens, nous assistons à une mutation – non à une disparition – de l'exercice de l'autorité et la crise fréquemment évoquée, notamment dans l'éducation et à l'école, est d'abord selon nous une crise de l'« autorité autoritariste ». Mais si l'individualisme interroge les conditions du lien social, il se retourne aussi contre les individus. De nouvelles modalités de soumission apparaissent avec le management néo-libéral, qui instaure un contrôle de soi continu, diffus, intériorisé. Les individus sont considérés comme à l'origine de leurs réussites, mais on leur impute aussi la responsabilité de leurs échecs sans toujours chercher à en approfondir les causes. De nouvelles pathologies psychosociales apparaissent comme l'hyperactivité, l'anxiété, le stress, les troubles psychosomatiques, la dépression, le *burn-out*, le harcèlement moral.

« Nous assistons à une mutation de l'exercice de l'autorité et la crise est d'abord selon nous une crise de l'"autorité autoritariste". »

L'affaiblissement des normes communes et la crise de la transmission intergénérationnelle s'accordent donc avec les valeurs des sociétés néo-libérales. À ce titre, les multinationales industrielles et financières, qui contrôlent les moyens de communication audiovisuels et numériques, constituent de « nouvelles autorités » dictant les valeurs et les comportements contemporains. Le marketing produit et entretient un « capitalisme pulsionnel », selon les mots du philosophe Bernard Stiegler. Cette consommation addictive cible notamment les jeunes. Elle cherche à capter leur attention en permanence, à exciter leurs pulsions primaires et régressives pour satisfaire un pouvoir d'action guidé par des plaisirs immédiats. Or, ces pratiques sont en décalage avec les exigences de l'action éducative. Les conséquences sur l'éducation et l'enseignement sont nombreuses.

> **« À l'école par exemple, l'accès au savoir oblige l'élève à contrôler ses pulsions, à tolérer la frustration, à obéir aux règles, mais aussi à s'engager dans une démarche active réclamant des efforts. »**

À l'école par exemple, l'accès au savoir oblige l'élève à contrôler ses pulsions, à tolérer la frustration, à obéir aux règles, mais aussi à s'engager dans une démarche active réclamant des efforts. La satisfaction s'obtient sur un temps long et à ce prix. De leur côté, les enseignants – mais aussi les parents – sont mis en situation de concurrence déloyale face à ces « nouvelles autorités » qui disposent de moyens d'influence considérables, illimités, cherchant à installer des formes d'emprise sur les jeunes avec des modèles identificatoires puissants. L'autorité des éducateurs, à travers leur capacité à poser des limites et à soutenir des conflits, en est incontestablement affaiblie. En outre, nombreux sont les spécialistes de l'éducation et les professionnels de l'école qui constatent que les comportements des élèves face au savoir se dégradent, se manifestant notamment par des difficultés de concentration, une attention plus fragmentée, voire une altération des capacités à réfléchir et à penser. La situation est donc paradoxale, la société reprochant aux parents et aux enseignants de ne plus jouer leur rôle alors qu'une action éducative de leur part irait à contre-courant des valeurs dominantes. Dans un tel contexte où tout acte d'autorité porté par un adulte peut être contesté, le rapport des enfants et des adolescents à la limite devient problématique.

D'autre part, si l'on ne peut que se féliciter des transformations du statut de l'enfant au cours de l'histoire, lesquelles ont notamment abouti, en 1989, à l'adoption de la *Convention internationale des Droits de l'Enfant* dont la France est signataire, nous observons aussi les difficultés actuelles de nombreux parents et enseignants, influencés notamment par le développement personnel et la psychologie positive, à assumer l'exercice de leur autorité inhérente à leur position générationnelle, leur renoncement à soutenir le conflit par crainte de ne plus être aimés. Les places d'adulte et d'enfant ou d'adolescent se confondent voire s'inversent, favorisant l'apparition d'« enfants rois » ou d'« enfants tyrans ». Livrés à eux-mêmes, sans réponse éducative, ces jeunes se cherchent des limites, au risque de se mettre en danger en s'assujettissant à des formes d'autorité exerçant sur eux une emprise bien plus aliénante que l'autorité défaillante ou refusée. À cela, il faut ajouter la tendance de notre société à vouloir considérer les jeunes comme prématurément responsables de leurs actes, en matière pénale notamment, ce qui fragilise les droits à la protection qu'elle devrait leur garantir.

Abordons maintenant la question des mutations du statut des savoirs, leurs conséquences sur l'autorité du professeur et sur le rapport au savoir des élèves. Si dans les sociétés occidentales la production scientifique reste un enjeu socio-économique majeur et le savoir continue d'occuper une place déterminante, la légitimité de ses énoncés est interrogée de toutes parts. Plusieurs raisons à cela. Tout d'abord, il est admis que la vérité des savoirs disponibles est temporaire. Dans certains domaines, le renouvellement des connaissances produites est exponentiel. D'autre part, l'essor des technologies numériques – et avec elles le projet d'une « société de la connaissance » – tend à délégitimer voire à discréditer les savoirs scolaires. Outre le fait de réduire la connaissance à un traitement de l'information, elle tend à ne valoriser que des connaissances utiles au développement économique. Les technologies numériques sont aussi des espaces où les savoirs côtoient des informations, des opinions, des croyances, voire des thèses conspirationnistes et des « vérités alternatives ». Enfin, l'apparition de « l'intelligence artificielle », avec les premiers débats suscités par ses usages scientifiques et scolaires, annonce une transformation des modalités de production et d'appropriation des savoirs, interrogeant aussi la validité des sources.

« L'autorité du professeur ne peut plus s'imposer exclusivement par les savoirs qu'il détient. »

Ces mutations sociétales du rapport au savoir ont des répercussions sur la nature des savoirs scolaires, le rapport au savoir des élèves, l'autorité professorale et le métier d'enseignant. Pourquoi acquérir des savoirs alors qu'ils sont disponibles sur Internet, que certains sont rapidement obsolètes ou que d'autres sont inutiles à l'exercice d'un futur métier ? Avoir pour visée l'émancipation de femmes et d'hommes par la compréhension globale du monde est-il toujours un objectif de l'école ? L'école tient-elle sa promesse de promotion sociale par la réussite scolaire des élèves de milieu populaire ? Les réformes des programmes scolaires

Cours de musique à l'école primaire/élémentaire Albadeschool à La Haye, Pays-Bas, 1957.
Répétition pour une représentation de l'orchestre de l'école.
CC NATIONAAL ARCHIEF

qui se sont multipliées en France depuis les années 2000 dénotent les difficultés de notre société à définir les contenus de savoirs que l'école doit enseigner et les finalités qu'elle lui assigne. L'autorité du professeur ne peut plus s'imposer exclusivement par les savoirs qu'il détient. Être savant – au sens de cultivé – est nécessaire, mais non suffisant pour faire apprendre des élèves, plus enclins qu'autrefois à contester les savoirs scolaires au nom d'autres normes sociales, d'autres autorités (médiatiques, philosophiques, religieuses, ...). Les savoirs scolaires sont aussi investis différemment selon les élèves et leurs familles au regard des perspectives d'orientation qu'ils ouvrent, de leur utilité sociale perçue. Enfin, avec la « révolution numérique », l'école n'a plus le monopole du savoir. Cela ne garantit cependant pas qu'en utilisant des technologies numériques, les élèves apprennent et que ces usages concourent à leur émancipation. Plus largement, ces mutations invitent à se demander sur quoi un enseignant peut désormais fonder son autorité.

Selon Philippe Meirieu, professeur en sciences de l'éducation, l'enseignant doit permettre à ses élèves de distinguer le savoir (spécifié par les conditions de sa production) de l'opinion, de la conviction ou de la croyance. Convaincu du principe d'éducabilité, le professeur légitime son autorité en étant en capacité de mettre en place des modalités d'accès aux savoirs, dans le but que les élèves se les approprient. Il s'efforce donc de rendre les savoirs à acquérir accessibles aux élèves, en créant les conditions effectives – didactiques et pédagogiques – leur permettant de s'engager dans l'activité d'apprentissage, non plus soumis à un savoir qui ferait autorité du seul fait qu'il l'énonce. Développer chez les élèves une posture réflexive à l'égard des savoirs, les aider à se décentrer de leurs représentations initiales pour qu'ils puissent construire un rapport au savoir, à la culture et au monde à la fois subjectif, critique et émancipateur deviennent des enjeux majeurs de l'école qui contribuent en retour à légitimer l'autorité du professeur. « L'autorité éducative », explique encore Meirieu, a alors pour rôle de permettre à l'élève de « penser par soi-même » en créant les conditions pour qu'il accède « à un rapport critique à la vérité ». Pour cela précise-t-il, le professeur dispose de la démarche expérimentale, de la recherche documentaire et de la démarche créatrice. Nous y ajoutons les pédagogies coopératives et institutionnelles, lorsqu'elles sont pratiquées par des enseignants qui s'y sont formés et les maîtrisent.

« Nos responsables politiques, loin de soutenir et de conforter l'autorité des enseignants, participent, au contraire, à sa délégitimation. »

Pour terminer, nous voudrions revenir sur les discours et les pratiques de nos responsables politiques afin d'expliquer en quoi selon nous, loin de soutenir et de conforter l'autorité des enseignants, ils participent, au contraire, à sa délégitimation. Parler avec constance de « restauration de l'autorité » envoie à l'opinion publique le message selon lequel il n'y aurait plus d'autorité à l'école (publique notamment), donc que ses professionnels n'auraient pas les compétences requises pour l'exercer. Or, et sans mésestimer certaines difficultés, nos écoles ne sont pas « à feu et à sang ». En outre, l'école française punit et exclut beaucoup comparativement à d'autres pays, dans une société où la demande à l'égard de l'autorité est paradoxale, chacun souhaitant un renforcement de l'exercice de l'autorité sur les autres et davantage de liberté pour soi. D'autre part, en donnant à penser que les professeurs auraient besoin que « la science » détermine les « bonnes pratiques » diffusées dans des livrets officiels qu'ils n'auraient qu'à appliquer ensuite, on méprise leurs qualifications et leurs capacités à faire preuve d'initiatives pour améliorer collectivement leurs pratiques. Les professeurs en sont réduits à être de simples exécutants, ce qui discrédite leur autorité notamment aux yeux des parents. À cela s'ajoutent les réformes incessantes de la formation initiale des enseignants, où des considérations budgétaires et idéologiques prévalent sur les exigences de professionnalisation et d'universitarisation ; la quasi-disparition de la formation continue ; des conditions de travail et des modalités de recrutement dégradées face à une crise profonde d'attractivité du métier (nous exerçons dans l'académie où une rectrice a mis en place des *job dating*) ; enfin et comme évoqué plus haut, les difficultés de la représentation nationale à s'accorder sur les savoirs à enseigner à l'école et sur ses finalités. Un dernier élément, essentiel, concerne l'exemplarité, tant l'exercice de l'autorité éducative passe par le fait que les jeunes, à ce moment de leur existence, rencontrent des adultes auxquels ils puissent s'identifier. Nous ne dresserons pas ici la liste des manquements d'un certain nombre de nos responsables politiques à cette exigence d'exemplarité… Nous nous contentons d'en observer les effets incontestablement dévastateurs sur le rapport à l'autorité de certains jeunes. Assurément, ils contribuent à amoindrir – ou pire à discréditer – toute parole portée par les détenteurs d'une autorité dans l'espace public, parents, éducateurs et enseignants compris.

Ainsi donc, c'est dans un contexte complexe, contradictoire, évolutif que parents, éducateurs et enseignants s'efforcent d'exercer leur autorité. Sans apporter de réponse définitive, la relation d'autorité éducative telle que nous l'avons définie plus haut peut leur permettre de se doter de repères suffisamment solides pour agir autrement. En ces temps incertains, il nous semble que c'est déjà une avancée.

Bruno Robbes est professeur des universités en sciences de l'éducation à CY Cergy Paris Université, directeur adjoint du laboratoire EMA.
Il est notamment l'auteur de *L'autorité éducative dans la classe. Douze situations pour apprendre à l'exercer*, Paris, ESF Éditeur, 2020 [2010].

JEAN-FRANÇOIS CHANET

LA DIRECTION D'ÉCOLE, OU LA DIFFICILE CONJUGAISON ENTRE AUTORITÉ ET AUTONOMIE

L'expression de la souffrance des chefs d'établissement est devenue au cours de la dernière décennie un des leitmotivs de chaque rentrée scolaire[1]. Derrière la mobilisation syndicale, se cache un mal-être très répandu où se mêlent plusieurs « ressentis » simultanés, la difficulté de répondre aux injonctions contradictoires de la hiérarchie ou la peine à organiser le travail collectif autour d'objectifs partagés, sur fond d'une supposée crise de l'autorité dans la société.

1 — Voir en dernier lieu Margaux Gable, « À une semaine de la rentrée scolaire, les chefs d'établissement en souffrance : "On ne peut pas s'opposer, on peut juste crever en silence" », *Libération*, 25 août 2024.

Le suicide de Christine Renon, directrice de l'école maternelle Méhul, à Pantin, à l'âge de 58 ans, en septembre 2019, a profondément ému le monde enseignant et obligé le ministère à annoncer des mesures de soutien. Cependant, ni les parents d'élèves ni les médias ne perçoivent toujours clairement ce qui, dans cet état qui va du doute au désespoir, distingue les directeurs d'école et les chefs d'établissement de l'enseignement secondaire. La question mérite pourtant d'autant plus d'attention que les ministres de l'Éducation nationale successifs ont, sans exception depuis plus de quinze ans, prétendu faire une priorité de l'amélioration des résultats de tous les élèves au premier degré.

Rappelons l'effectif d'un personnel à la fois si présent dans l'imaginaire national et, au fond, si mal connu : en 2010, on comptait 47092 directeurs d'école, dont 28000 déchargés en partie d'enseignement ; les femmes représentaient 73,2 % des directeurs, alors que leur part de l'ensemble des enseignants du premier degré était de 81,5 %[2]. Le décret du 14 août 2023 relatif aux directeurs d'école[3] précise leurs « missions » en ces termes : « Le directeur d'école veille à la bonne marche de l'école maternelle, élémentaire ou primaire dont il a la charge et au respect de la réglementation qui lui est applicable. Il prend toute disposition utile concernant l'organisation et le bon fonctionnement de l'école pour que celle-ci assure sa fonction de service public. À ce titre, il a autorité sur l'ensemble des personnes présentes dans l'école pendant le temps scolaire. Il réunit et préside le conseil d'école et le conseil des maîtres[4]. » La principale nouveauté, par rapport au décret précédent, du 24 février 1989, est la mention d'une autorité sans épithète, qui ne résulte pas d'un changement de statut ou de corps. Or il s'agit du décret d'application de la loi n°2021-1716 du 21 décembre 2021 créant la fonction de directeur d'école. Celle-ci avait modifié l'article L. 411-1 du code de l'éducation en y ajoutant les phrases suivantes : « Il organise les débats sur les questions relatives à la vie scolaire. Il bénéficie d'une délégation de compétences de l'autorité académique pour le bon fonctionnement de l'école qu'il

« Diriger une école maternelle ou élémentaire n'était pas, avant la loi de 2021, une fonction proprement dite. »

2 — Frédéric Reiss, *Rapport à Monsieur le Premier ministre. Quelle direction pour l'école du XXIe siècle ?*, Assemblée nationale, 2010, p. 45. L'auteur, député du Bas-Rhin (Les Républicains), était un ancien professeur de mathématiques.

3 — Nous conserverons ici l'utilisation du masculin générique, aussi courante, s'agissant des directeurs d'école, dans la littérature scientifique que dans les textes officiels.

4 — *JORF*, 15 août 2023.

dirige. Il dispose d'une autorité fonctionnelle dans le cadre des missions qui lui sont confiées[5]. »

De la comparaison de ces deux textes il ressort que diriger une école maternelle ou élémentaire n'était pas, avant la loi de 2021, une fonction proprement dite. Pour autant, cette loi n'a pas fait du directeur d'école un chef d'établissement à part entière, comme dans l'enseignement secondaire. La suppression de tout adjectif pour qualifier, dans le décret d'application, l'autorité qui lui est conférée témoigne d'une prudence qu'on peine à comprendre si l'on n'en cherche pas la source dans l'histoire de notre système scolaire. Nous allons donc revenir sur ces héritages et les représentations, souvent trompeuses, qu'ils suscitent, avant d'en arriver aux débats actuels sur cette autorité, sa nature et ses limites, tant il est vrai que le mot même de « directeur » fait supposer, dans l'opinion commune, un pouvoir, ou une autorité définie à la manière d'Henry Mintzberg comme un sous-ensemble du pouvoir formel lié à une fonction, « la capacité de faire faire des choses [parce] que l'on occupe un rang hiérarchique[6] ».

UNE RÉGLEMENTATION **CONSTANTE**

Le directeur d'école n'a jamais été un chef d'établissement. La continuité à cet égard n'est pas moins remarquable que celle qu'on observe dans l'étendue et la diversité de ses missions. Le directeur idéal est à la fois un pédagogue expérimenté, respecté comme tel, et un cadre intermédiaire, supposé faire le lien entre l'administration et la collectivité. Le titre de « directeur » ne figure dans aucune des lois relatives à l'enseignement primaire antérieures à la IIIe République. Les mots « instituteur » et « adjoint » sont en revanche présents dans la loi Duruy de 1867, signe de l'existence déjà établie de cette hiérarchie. L'article 10 de la loi Ferry du 28 mars 1882 indique ce qui est dès lors sa première raison d'être : « Lorsqu'un enfant manque momentanément l'école, les parents ou les personnes responsables doivent faire connaître au directeur ou à la directrice les motifs de son absence [...]. Les directeurs et directrices tiennent un registre d'appel. » Deux indications importantes ici : le directeur se voit confier la délicate mission de veiller à la qualité de la fréquentation scolaire ;

5 — *JORF*, 22 décembre 2021.

6 — Henry Minzberg, *Le pouvoir dans les organisations*, trad. de l'américain par Paul Sager, Paris, Éditions d'Organisation, 1986, 2003 [1983], p. 40.

la féminisation de la fonction, donc du terme qui la désigne, est acquise dès les années 1880.

Les conditions d'exercice dépendent logiquement de la situation démographique. Aussi reflètent-elles le contraste entre l'académie de Paris, plus précisément le département de la Seine, et les autres, dans une France encore et pour longtemps très largement rurale. À Paris, Octave Gréard a mis en place dès la fin du Second Empire une organisation pédagogique fondée sur l'enseignement simultané dans des classes réparties en trois cours successifs, élémentaire, moyen et supérieur, en lieu et place de l'enseignement mutuel, qui mobilisait des moniteurs élèves. Le cours préparatoire est généralisé au début des années 1890 pour adapter cette organisation à la durée de la scolarité obligatoire de 6 à 13 ans. Ainsi se précise et se fixe durablement, y compris sur le plan architectural, le modèle de l'école élémentaire urbaine – une école qui compte au moins six classes et souvent davantage, jusqu'à dix ou douze.

Un siècle sépare l'œuvre d'Octave Gréard et la création de l'emploi de directeur d'école. Le décret du 2 août 1890 prévoyait que seul le directeur d'une école comptant plus de trois cents élèves répartis en cinq classes bénéficierait d'une décharge de classe. Frappante continuité : aux termes du décret du 15 décembre 1965, seules les écoles de cinq classes et plus auront à leur tête un instituteur occupant un emploi de directeur. Dans les écoles de moins de cinq classes, l'un des maîtres garde le titre d'instituteur chargé de direction; l'instituteur titulaire d'une classe unique reçoit le titre de chargé d'école. Un décret de mars 1981 a généralisé la création de l'emploi pour toutes les écoles; aussi a-t-il été précisé, à l'article 1er de celui du 24 février 1989, que « l'instituteur ou le professeur des écoles affecté dans une école maternelle ou élémentaire à classe unique assure les fonctions de directeur d'école ». L'opposition des organisations syndicales, attachées à la définition initiale du directeur comme un *primus inter pares*, a fait échouer la tentative de création d'un statut de maître-directeur par René Monory en 1986, à la faveur du succès de la droite aux élections législatives. Après la réélection de

> **« Le décret du 24 février 1989 n'attribue au directeur, relais hiérarchique, qu'un rôle d'animation et de coordination du travail des personnels en poste dans l'école. »**

François Mitterrand, le décret du 24 février 1989 n'attribue au directeur, relais hiérarchique, qu'un rôle d'animation et de coordination du travail des personnels en poste dans l'école à la tête de laquelle il est placé – ce qui, au demeurant, ne signifie pas plus aujourd'hui qu'hier une simplification de sa tâche.

Ce même texte précise que les candidats doivent s'inscrire sur une liste d'aptitude départementale, sous la responsabilité de l'inspecteur d'académie. La procédure prévue comporte les étapes classiques, dépôt d'un dossier, sélection par une commission, entretien et nomination. La question du vivier et des critères de sélection présente elle aussi de grandes constantes. Le repérage et la proposition des candidats incombent aux inspecteurs de l'éducation nationale, qui, s'ils ont souvent dû, dans le passé, contenir ou contourner les pressions de maires enclins à faire connaître et prévaloir leurs souhaits, détiennent là un pouvoir qu'exprime aujourd'hui encore la distinction entre autorités hiérarchique et fonctionnelle.

ENTRE L'INSPECTEUR **ET LE MAIRE**

Au temps où il était maire de Chitry-les-Mines, Jules Renard notait dans son journal, à propos du maître d'école, en poste depuis quinze ans : « Il ne dit jamais : "L'inspecteur primaire." Il dit : "Monsieur l'inspecteur." Dans un désert, il n'oublierait pas "monsieur"[7]. » Encore ce maître n'avait-il rien à craindre de son maire, ce qui, dans la France de 1902, était loin d'être toujours le cas. Comme l'a souligné Maurice Agulhon, un instituteur, *a fortiori* un directeur d'école ne pouvait « rien faire de politique, rien de "socioculturel", rien d'important au-delà du métier, s'il n'avait pas le maire dans son camp, ou – pour mieux dire – s'il n'était pas dans le camp du maire[8] ».

Les deux bornes entre lesquelles s'exerçait alors son autorité n'empêchaient pas que celle-ci fût parfois pesante à ses adjoints. Dans le département du Doubs comme ailleurs, autour de 1900, certains étaient reconnaissants à leur directeur ou directrice de ce que nous avons pris l'habitude d'appeler leur accompagnement ; mais d'autres se plaignaient d'une organisation autoritaire du service ou de rapports injustes. De leur côté, bien des directeurs

7 — Jules Renard, *Journal, 1887-1910*, 28 mars 1902, éd. par Léon Guichard et Gilbert Sigaux, Paris, Gallimard, « Bibliothèque de la Pléiade », 1965, p. 737.

8 — Maurice Agulhon, « La mairie », *in* Pierre Nora (dir.), *Les lieux de mémoire*, I, *La République*, Paris, Gallimard, « Bibliothèque illustrée des histoires », 1984, p. 173.

« Bien des directeurs et directrices se plaisaient à signaler les fautes de service, la mauvaise conduite de jeunes hommes, habitués du café et du découchage, ou de jeunes femmes qui recevaient nuitamment. »

et directrices se plaisaient à signaler les fautes de service, la mauvaise conduite de jeunes hommes, habitués du café et du découchage, ou de jeunes femmes qui recevaient nuitamment – comme en témoigne tel rapport, dans le dossier personnel de l'une d'elles, où il est fait mention de traces de pas dans la cendre intentionnellement répandue sur les marches de son escalier[9]. Sans aller jusqu'à encourager une surveillance aussi tracassière, les inspecteurs approuvaient généralement cette sévérité. Elle illustre la prégnance des préceptes moraux inculqués à des serviteurs de l'État placés sous le regard de parents attentifs eux aussi à leurs moindres faits et gestes. *A fortiori* la directrice a longtemps été vue à la fois comme une mère et comme un chef. Sans surprise, les rapports d'inspection écrits par des messieurs se distinguent souvent par un ton paternaliste qui redouble, pour ainsi dire, leur charge normative – avec une particulière évidence dans le cas des directrices célibataires[10]. La hiérarchie de gravité des déviations par rapport à ce code largement implicite suit l'évolution générale des mœurs, comme devraient l'admettre ceux qui, de nos jours, ne songent qu'à idéaliser le passé. Dans son manuel intitulé *Morale professionnelle de l'instituteur*, en usage dans les écoles normales des années 1950 – et édité par le syndicat national des instituteurs, marque d'époque –, André Ferré consacre moins de quatre pages sur deux cent dix-neuf au directeur d'école. Mais il n'élude pas la question du « fondement de son autorité ». La « supériorité de la fonction » ne résulte pas de celle du savoir attestée par un diplôme ; « l'autorité de l'âge – autorité d'ailleurs discutable – et de l'expérience » doit aussi être écartée, puisqu'il arrive, dans les grandes villes, que des instituteurs près de la retraite voient arriver à la tête de leur école des collègues plus jeunes. En somme, « quoi que puissent

9 — Jacques Gavoille, *Du maître d'école à l'instituteur. La formation d'un corps enseignant du primaire : instituteurs, institutrices et inspecteurs primaires du département du Doubs (1870-1914)*, préface d'Antoine Prost, Besançon, Presses universitaires de Franche-Comté, 2010, p. 229.

10 — Voir par exemple les six rapports écrits entre 1937 et 1948 par l'inspecteur Dufresne sur Mademoiselle Vautrin, directrice de l'école maternelle de la rue Gilibert à Lyon, cités par Matthieu Devigne, *L'École des années noires. Une histoire du primaire en temps de guerre*, Paris, PUF, 2018, p. 276-278.

dire les textes officiels, la réalité des mœurs est qu'aujourd'hui les directeurs, sauf exception, sont considérés par leurs adjoints comme des collègues plutôt que comme des chefs, et qu'eux-mêmes sont devenus bien moins sensibles que leurs devanciers aux prestiges de l'autorité[11] ».

À LA RECHERCHE **DE L'AUTORITÉ**

Dans leur tout récent rapport à la ministre de l'Éducation nationale et de la Jeunesse, les inspectrices et inspecteurs généraux chargés de présenter un « état des lieux et [des] perspectives » en matière de « pilotage pédagogique des écoles de l'enseignement primaire par les directeurs » ont dressé un constat que tout observateur attentif partagera : « La mission souhaite indiquer que la notion d'autorité fonctionnelle, dont les contours, y compris juridiquement, sont peu précisés, fait l'objet de questionnements parfois inquiets chez les directeurs d'école et au sein des équipes qui n'en perçoivent pas toujours la nature précise ni le périmètre exact[12]. » L'introduction de cette notion dans la loi du 21 décembre 2021 n'a donc pas apporté à elle seule la clarification souhaitable.

> **« Le lien ainsi énoncé entre le “pouvoir d'agir” d'une équipe et la “consolidation” d'une autorité individuelle continue à relever du sophisme pour les organisations syndicales. »**

Le vote de la loi a toutes les apparences d'une victoire à la Pyrrhus, dans un contexte dominé par la pandémie de Covid-19, défi sans précédent pour l'école, et l'usure d'un ministre plus affaibli que renforcé par sa longévité record rue de Grenelle. Jean-Michel Blanquer venait de tenter, non sans esprit de suite, de tirer des contraintes imposées par les mesures sanitaires une opportunité de réforme de la gestion des ressources humaines au sein d'un ministère dont nul n'ignore qu'il est le premier employeur de France. Ce défi considérable a pris le nom de « Grenelle de l'éducation ». Au terme de la concertation conduite d'octobre 2020 à

11 — André Ferré, *Morale professionnelle de l'instituteur. Programme des écoles normales*, Paris, SUDEL, 1949, p. 174. Ce manuel a été édité par la société d'édition du Syndicat national des instituteurs.

12 — IGESR, *Le pilotage pédagogique des écoles de l'enseignement primaire par les directeurs : état des lieux et perspectives. Rapport à Madame la ministre de l'Éducation nationale et de la Jeunesse, Livret 1*, 23 juillet 2024, p. 18.

mai 2021, des engagements ont été publiés, au nombre de douze, comme les travaux d'Hercule, dont voici le septième : « Donner le pouvoir d'agir aux équipes éducatives de nos écoles grâce à une direction d'école consolidée[13]. » Or le lien ainsi énoncé entre le « pouvoir d'agir » d'une équipe et la « consolidation » d'une autorité individuelle continue à relever du sophisme pour les organisations syndicales, particulièrement pour le Syndicat national unitaire des instituteurs, professeurs des écoles et PEGC (SNUipp), majoritaire aux élections professionnelles. Comme il est rappelé sur son site internet, « la FSU-SNUipp refuse tout projet qui diviserait la profession en conférant à la direction un statut et un rôle hiérarchique relevant d'une conception managériale. La notion d'équipe doit être consolidée avec des moyens impartis[14] ».

La « conception managériale » répondait, en l'occurrence, à la volonté affichée de défendre le service public d'éducation dans les communes rurales, où la déprise démographique entraîne bon an mal an maintes fermetures de classes ou d'écoles. Or la différence de statut, donc d'autorité, entre le directeur d'école et le principal de collège est l'un des obstacles auxquels se heurte l'idée de regrouper, sous le nom d'« école du socle[15] », les classes élémentaires et celles du collège en un même établissement. En l'état de la législation, seul un personnel de direction de l'enseignement secondaire pourrait être placé à la tête d'un tel établissement. Le poids de cultures professionnelles et syndicales où se reflète logiquement le dualisme qui a longtemps caractérisé notre système scolaire n'explique pas seul pourquoi l'amendement relatif à la création de tels établissements dits « établissements publics des savoirs fondamentaux », proposé par Cécile Rilhac, alors députée Renaissance du Val-d'Oise, au cours de la discussion de ce qui est devenu la loi du 26 juillet 2019 « pour une école de la confiance », n'a pas été adopté. Votée par l'Assemblée nationale, la mesure était supposée permettre un meilleur soutien administratif aux petites écoles et favoriser les projets communs et le continuum pédagogique avec le collège. Introduite subrepticement au cours de la discussion du projet de loi, elle a cependant été perçue par nombre d'acteurs – directeurs d'école, élus locaux ou chercheurs – comme transférant au principal du collège et à l'échelon départemental des compétences traditionnellement dévolues aux direc-

13 — <https://www.education.gouv.fr/grenelle-de-l-education-12-engagements-pour-renforcer-le-service-public-de-l-education-323387>

14 — « Je suis directeur ou directrice », mis à jour le 12 mars 2024, <https://www.snuipp.fr/fonctions/directeur>

15 — Philippe Claus, « L'école du socle commun : enjeux, tâtonnements et perspectives », *Administration et éducation*, n° 158, juin 2018, p. 9-15. Rappelons que le « socle commun de connaissances, de connaissances et de culture » est la définition officielle de ce que tout élève français est supposé avoir acquis à l'âge de 16 ans, celui qui marque la fin de l'instruction obligatoire. L'auteur de cet article, inspecteur général honoraire, a été auparavant inspecteur d'académie du Jura.

Photos d'élèves des écoles de l'Isle-sur-la-Sorgue.
CC MUSÉE DE L'ÉCOLE D'AUTREFOIS

teurs d'école et aux municipalités[16]. Il n'en fallait pas davantage pour qu'elle fût rejetée par les sénateurs et abandonnée dans la rédaction finale de la loi.

La « consolidation » annoncée a finalement pris la forme de la loi Rilhac du 21 décembre 2021 et de son décret d'application. Cette forme est encore indécise, comme vient de le souligner le rapport de l'inspection générale. Il est donc trop tôt pour bien mesurer l'importance du changement. Certains en concluraient volontiers qu'à l'image des « bâtons flottants » de La Fontaine, « de loin, c'est quelque chose, et de près, ce n'est rien ». D'autres voient dans cette évolution législative un coup porté à « la petite République des professeurs voulue par Jules Ferry[17] », au nom d'une idéologie ou seulement d'une rhétorique managériale très discutée par des professionnels qui peinent à en voir les bénéfices dans l'exercice quotidien de leur métier. Le débat a été relancé par l'investissement personnel du président de la République dans le suivi de l'expérimentation baptisée « l'école du futur » dans laquelle 59 écoles de Marseille se sont engagées durant l'année scolaire 2021-2022. Parmi les mesures dont le président souhaite la généralisation figure en effet l'introduction d'une plus grande « flexibilité » permettant aux directeurs et directrices de « s'assurer que les enseignants recrutés partagent le projet pédagogique » de leur école[18]. Retenons qu'après le démenti apporté par le maire de Marseille à l'interprétation selon laquelle l'expérimentation s'étendrait à « la manière dont sont recrutés les enseignants[19] », la prudence est restée de mise.

Yves Dutercq fait partie des sociologues qui ont montré que, si un large consensus existe pour critiquer les formes et méthodes traditionnelles de l'administration centralisée à la française, les emprunts aux modèles managériaux, présentés depuis les années 1980 comme le meilleur moyen d'atteindre un double objectif de modernisation et de rationalisation, se heurtent, particulièrement dans l'éducation nationale, à une organisation hiérarchique caractérisée par la verticalité, où « poste, fonction, position hiérarchique sont en étroite cohérence[20] ». Sur le terrain qui nous occupe ici, la logique managériale a trouvé un obstacle insurmontable dans la différence de statut entre le directeur d'une

16 — Voir Sébastien Rome, directeur d'école et élu municipal à Lodève (Hérault), « Contre la disparition du service public de proximité de l'école », *Le Monde*, 11 mars 2019.

17 — François Jarraud, « Directeur d'école : le décret est publié », *Le café pédagogique*, 16 août 2023.

18 — <https://www.elysee.fr/emmanuel-macron/2022/06/02/visite-du-president-de-la-republique-a-lecole-menpenti-a-marseille>. Il s'agit de la visite du président et du ministre Pap Ndiaye à l'école Menpenti le 2 juin 2022.

19 — Interview du ministre Jean-Michel Blanquer par Marc Fauvelle, France Info, 16 décembre 2021, <https://www.vie-publique.fr/discours/283093-jean-michel-blanquer-16122021-systeme-scolaire-francais-ecole>.

20 — Yves Dutercq et Vincent Lang, « Du management dans l'éducation », 2002, <https://institut.fsu.fr/du-management-dans-leducation-par-yves-dutercq-et-vincent-lang>.

école et le chef d'un établissement public local enseignement (EPLE), établissement d'enseignement secondaire ainsi désigné depuis 1983, entité de droit public dotée de la personnalité morale – ce que n'est pas l'école maternelle ou élémentaire. Si des référentiels officiels des deux fonctions, ressort plutôt la convergence quant aux missions, le directeur d'école, « manager implicite[21] », ne dispose pas des moyens de déléguer certaines tâches : non seulement il n'est déchargé d'enseignement que dans les groupes scolaires de plus de cinq classes, mais il ne peut pas compter sur un conseiller principal d'éducation ni *a fortiori* sur des assistants d'éducation (AED) comme relais d'autorité face aux élèves perturbateurs, ni ne dispose d'un secrétariat dédié aux tâches administratives, pour s'en tenir à ces deux points sensibles.

« Le directeur d'école, “manager implicite”, ne dispose pas des moyens de déléguer certaines tâches. »

La place prise par l'éducation prioritaire dans notre système scolaire depuis les années 1980 a ajouté à cette singularité paradoxale. L'accent mis sur le dédoublement des premières classes de l'école élémentaire, puis des grandes sections de maternelle, supposé achevé pour la rentrée 2024, renforce la responsabilité d'un directeur dont on attend que, chargé ou non lui-même de faire la classe, il « suscite au sein de l'équipe pédagogique toutes initiatives destinées à améliorer l'efficacité de l'enseignement en cohérence avec le projet d'école[22] ». Dans le même temps s'est avivée la conscience de l'influence du « climat scolaire » sur les résultats des élèves, celle aussi de la précocité des conduites perturbatrices chez certains d'entre eux. Or le directeur, « responsable unique de la sécurité[23] » dans l'école, se trouve bien seul face à des risques dont le nombre et la gravité ne vont pas diminuant. Pour les inspecteurs généraux, « il est symptomatique que les directeurs aient davantage eu à l'esprit le décret relatif au harcèlement scolaire plutôt que celui qui évoque leur rôle renforcé dans le pilotage pédagogique, car leur priorité absolue reste d'assurer la sécurité des élèves et des membres de leur équipe[24] ». Inutile d'ajouter combien l'attente des familles et les risques d'exposition politique et médiatique peuvent, dans ces condi-

21 — Cécile Roaux, *La direction d'école à l'heure du management. Une sociologie du pouvoir*, Paris, PUF, coll. « Éducation et société », 2021. L'autrice, directrice d'école devenue sociologue, est docteure en sciences de l'éducation.

22 — « Référentiel métier des directeurs d'école », circulaire n°2014-163 du 1er décembre 2014, *Bulletin officiel spécial n°7*, 11 décembre 2014, <https://www.education.gouv.fr/bo/14/Special7/MENE1428315C.htm>.

23 — *Ibid.*

24 — IGESR, *Le pilotage pédagogique des écoles…*, *op. cit.*, p. 18-19.

> **« Le directeur, “responsable unique de la sécurité” dans l’école, se trouve bien seul face à des risques dont le nombre et la gravité ne vont pas diminuant. »**

tions, faire apparaître l’autorité fonctionnelle qui leur a été attribuée en 2023 comme un élément de langage abscons ou, pire, comme une façon de ne pas répondre aux questions qu’ils posent.

L’état d’incertitude qui est devenu, depuis 2020, le régime ordinaire auquel est soumis notre système scolaire n’a pas fini d’occuper les sciences sociales. Il serait donc hasardeux de conclure de façon tranchée, sur le point particulier qui nous a occupé ici comme sur bien d’autres. Constatons que nous restons, pour l’heure, avec plus de questions que de réponses. L’autonomie, mot d’autant plus incantatoire qu’il est équivoque, oscille, aux yeux des acteurs, entre le désirable et le suspect, selon que ce mot désigne l’accroissement d’une liberté d’initiative ou celui du pouvoir d’un individu, lui-même placé dans une chaîne hiérarchique dont la rigidité n’est assouplie qu’en apparence. L’interdépendance entre le local et le global, caractéristique essentielle de l’éducation nationale, suppose que toute adaptation aux réalités particulières d’un territoire se traduise par une évolution du cadre réglementaire général.

En vérité, l’aspiration à cet assouplissement s’est exprimée dès la mise en place de la législation républicaine. Et c’est parce que n’a pas été sérieusement entamé, depuis lors, le mode d’administration centralisé où les républicains voyaient la garantie de l’équité territoriale que cette aspiration, cette revendication désormais, a été réitérée, avec plus de vigueur depuis quelques années et par les plus hauts responsables de l’État eux-mêmes. Là se situe la nouveauté. Encore faudrait-il apporter des preuves qui font défaut, ou à tout le moins débat : les étapes successives de décentralisation se sont-elles accompagnées d’un assouplissement de l’organisation hiérarchique des services de l’État, en particulier du service public d’éducation ? À supposer que cet assouplissement soit mis à l’ordre du jour, comment évolueront, dans ce nouveau cadre, les nombreux dispositifs mis en place depuis les années 1980 au nom du principe de discrimination positive et supposés compenser, au moins en partie, le poids des inégalités sociales et territoriales ?

Devant la rapidité des changements techniques et leurs effets sociaux, la formation continue paraît aussi nécessaire en matière d’administration que de pédagogie. Or il faut attendre la note de service du 17 mars 1997 pour voir souligné le besoin d'une formation pour les directeurs d'école au cours de leur première année d'exercice. Dix ans après, dans son rapport à l'OCDE intitulé *Améliorer la direction des établissements scolaires*, Jean-Pierre Obin constate que « dans les écoles primaires, la part de la formation des directeurs ne semble pas être une préoccupation majeure. Le stage de trois semaines, préalable à la prise de fonction, a peu évolué depuis 1989[25] ». Dans ces conditions, l'importance toujours mise en avant des missions pédagogiques tient à la fois de la « fausse nouveauté[26] » et du trompe-l'œil. Depuis le temps de Ferdinand Buisson, les constantes n'ont en réalité pas changé : il appartient au directeur d'inscrire les élèves, de composer les classes, de les répartir entre les collègues en poste dans l'école, de se montrer vigilant sur les « bonnes pratiques », le respect des programmes et les résultats des élèves. C'était tout particulièrement vrai, jadis, des résultats au certificat d'études : le directeur, ayant à faire la classe aux plus grands élèves, avait la responsabilité de les préparer à l'examen et savait qu'il serait jugé sur leurs résultats. En fin d'année, la distribution des prix était pour lui autant que pour les lauréats une heure de gloire, un temps de reconnaissance symbolique de son autorité, y compris par les notabilités politiques. Mais c'était, tout autant, un rite de consécration de la clôture du monde primaire sur lui-même, de sa séparation structurelle d'avec le secondaire. Cette autorité-là était d'autant mieux reconnue qu'elle était plus étroitement bornée.

« Rien de plus vain que de chercher à aviver la nostalgie pour une époque où l'inégalité des parcours scolaires faisait l'objet d'une acceptation que les évolutions du siècle dernier ont rendue inconcevable. »

Rien de plus vain, par conséquent, que de chercher à aviver la nostalgie pour une époque où l'inégalité des parcours scolaires faisait l'objet, dans la nation, d'une acceptation que les évolutions du siècle dernier ont rendue inconcevable. Certes, il n'échappe à personne que l'unité globale du métier d'enseignant, conséquence du remplacement d'un régime fondé sur la dualité

25 — Jean-Pierre Obin, *Améliorer la direction des établissements scolaires. Rapport de base national de la France*, OCDE, mai 2007, p. 59.

26 — Jean-François Condette, « Mise en perspective. Entre sacerdoce éducatif et promotion de carrière : les personnels de direction, leurs caractéristiques, leurs missions », in *id.* (dir.), *Les chefs d'établissement…*, *op. cit.*, p. 48.

entre le primaire et le secondaire par un autre où l'accent est mis sur le continuum pré-bac post-bac, n'a pas encore produit, dans un système à évolution lente et cyclique, tous ses effets institutionnels et sociaux. Le remplacement du titre d'instituteur par celui de professeur des écoles est l'expression, bien plus que symbolique, d'un changement qui n'a pas eu jusqu'ici d'équivalent du côté des corps d'inspection. Les questions soulevées par les expressions de mal-être des directeurs d'école invitent donc à repenser l'organisation générale de l'enseignement primaire, sa territorialisation et son ordre hiérarchique hérités du XIXe siècle. Pour l'heure, ceux-ci semblent voir en majorité dans les évolutions récentes, en particulier dans l'« autorité fonctionnelle » qui leur a été conférée en 2021, le signe que persiste l'approche bureaucratique de leurs difficultés plutôt qu'un moyen sûr de mieux remplir leurs missions. Le choix de tels mots relève à leurs yeux d'une confusion entre pédagogue et ergonomiste. À défaut de répondre aux aspirations à plus d'efficacité collective dans les réponses à apporter tôt à l'hétérogénéité des élèves, il risque en réalité d'accentuer indûment dans l'opinion le sentiment d'une incapacité croissante de l'institution à répondre aux défis éducatifs de notre temps.

Historien de l'éducation, de l'armée et du socialisme, Jean-François Chanet est professeur des universités à Sciences Po. Il a également été recteur.

CÉDRIC MOREAU DE BELLAING

ÉDUCATION ALTERNATIVE ET ÉDUCATION SOCIALISTE

En 2016 est paru *Les lois naturelles de l'enfant*, un ouvrage signé par Céline Alvarez, enseignante au sein de l'Éducation nationale, qui, quelques années après sa titularisation, en a démissionné. Le livre rend compte d'une expérimentation pédagogique que l'auteure a conduite entre 2011 et 2014 au sein de classes d'une école primaire publique à Gennevilliers, et entend en tirer un certain nombre de conséquences quant aux outils d'aide à l'apprentissage qui seraient les plus adaptés pour les élèves. Céline Alvarez appuie ses propositions sur un dispositif d'administration de la preuve nourri de neuro-cognitivisme.

Très brièvement résumée, cette expérimentation s'est inspirée de la pédagogie Montessori (tout en en laissant explicitement de côté de nombreux principes), qui défend notamment la nécessité d'accorder une grande liberté d'apprentissage aux enfants en classe par des aménagements et des équipements particuliers. Elle a consisté en la mise en place, dans des classes de maternelle d'un quartier populaire gennevillois, d'un dispositif croisant la mise à disposition de matériels pédagogiques spécifiques d'éveil à la lecture, à l'écriture et aux activités de calcul, et la mise à l'épreuve de formes d'échanges avec les enfants présentées comme plus attentives au « fonctionnement naturel de l'enfant[1] » (davantage d'horizontalité dans les rapports entre adultes et enfants, apaisement des relations entre enfants, valorisation de l'exemplarité, etc.). L'ensemble de l'expérience a bénéficié de conditions de travail de première qualité : maintien dans la même classe pendant plusieurs années, mise à disposition d'un Atsem, emploi du temps ajusté. Céline Alvarez a voulu faire valoir qu'un tel dispositif pédagogique avait pour effet de réduire les écarts d'apprentissage entre enfants issus de classes sociales différentes et qu'il permettait, en outre, d'accroître collectivement le niveau d'autonomie et d'épanouissement des élèves. Pour démontrer un tel succès, l'institutrice s'est adjoint les services de neuroscientifiques (autour de Stanislas Dehaene) afin d'objectiver ce que ces pratiques éducatives changeaient dans les mécanismes cérébraux.

Le livre, publié deux ans après la fin de l'expérience, rencontre à la fois un grand succès médiatique et commercial mais aussi de très vives critiques. Les résultats de l'expérimentation sont globalement mis en doute et l'attribution des progrès identifiés à l'originalité pédagogique est contestée au profit d'une explication par les moyens financiers dont Céline Alvarez a effectivement bénéficié pour son dispositif grâce, circonstance aggravante, au soutien de Jean-Michel Blanquer, alors directeur général de l'enseignement scolaire, et figure pour le moins controversée dans le monde éducatif. Les pédagogies alternatives qui ont nourri le design de l'expérience sont dévoilées pêle-mêle comme de fausses bonnes idées, des supports de nouvelles distinctions de classe, des vecteurs de contournement de la carte scolaire ou, plus classiquement, des moyens cyniquement mobilisés au service de l'enrichissement personnel de leurs promoteurs, voire d'entreprises sectaires. La naturalisation des capacités d'apprentissage des élèves à laquelle procède Céline Alvarez, comme l'indique le titre même de l'ouvrage, est pointée du doigt, le principe d'horizontalisation qu'elle défend est critiqué comme étant contraire au fonctionnement intrinsèque de la tâche éducative, la focalisation pédagogique sur le renforcement de l'auto-

1 — Céline Alvarez, *Les lois naturelles de l'enfant*, Paris, Les Arènes, 2016.

nomie des élèves est perçue comme servant un agenda politique libéral, tout comme le gommage tendanciel des déterminations sociales qui pèsent sur les élèves auquel procéderait la valorisation de la pédagogie alternative. D'autres dénoncent la néophilie de l'expérimentation, réputée ne rien faire découvrir de nouveau ; en outre, la controverse est rapportée à d'anciens débats au sein de la pédagogie et de la didactique à propos des méthodes alternatives comme Montessori, Freinet, Steiner ou Decroly, parfois pour les dénoncer toutes, parfois pour en trier le bon grain de l'ivraie.

L'expérimentation de Céline Alvarez est donc critiquée de toutes parts : on reproche à l'institutrice aussi bien son scientisme que son militantisme dissimulé, aussi bien l'ontologie libérale de son expérimentation que l'appât du gain qui l'aurait guidée, aussi bien la facticité de résultats qu'elle aurait exagérés que son mépris pour les causes sociologiques des inégalités scolaires, aussi bien la renaturalisation des aptitudes à l'apprentissage qu'elle opère que sa dénonciation de l'obsolescence de l'autorité traditionnelle du maître sur l'élève dans la relation éducative. Elle a, de ce point de vue, été mise en cause à la fois depuis des positions réactionnaires lui reprochant de céder à l'air du temps antiautoritaire et, peut-être plus encore, depuis des positions progressistes, qui dénoncent les soubassements idéologiques de sa démarche pédagogique, son acoquinement avec les neurosciences n'étant que l'expression ultime de la conception individualisante et naturalisante que Céline Alvarez défend des processus d'apprentissage chez les enfants.

Le trio idéologique qui se manifeste dans cette controverse semble clair. Le libéralisme est incarné par l'expérimentation de Céline Alvarez, appuyée sur des méthodes alternatives dont les conditions sociales et historiques de mise en œuvre tendent à favoriser ceux qui sont déjà favorisés, et traduite, sur le plan scientifique, par une alliance avec une discipline produisant de l'individualisation et de la naturalisation à la chaîne. Le conservatisme réactionnaire, plus en retrait, ne manque néanmoins pas de fustiger dans la démarche pédagogique innovante la perte des repères dans l'éducation et l'effritement de la saine autorité qui doit, dans le même mouvement, distinguer et unir maîtres et élèves. Enfin, la perspective socialiste serait portée par celles et ceux qui dénoncent les risques de renaturalisation, d'esquive des enjeux d'inégalités sociales et, *last but not least*, de perte de la perspective d'une émancipation collective.

Les choses apparaissent pourtant sous un jour sensiblement différent dès lors que la controverse n'est pas immédiatement traitée comme un conflit idéologique, mais que s'immisce dans la description et la compréhension de l'expérimentation de Céline Alvarez et des critiques qui lui ont été adressées une interrogation sociologique. Celle-ci consiste en ceci : au-delà des circonstances particulières de l'expérimentation (un directeur général de l'enseignement scolaire sensible aux démarches neuroscientifiques, l'obtention subséquente d'un budget notable), qu'est-ce qui, dans l'organisation sociale, l'a rendue possible, voire souhaitable pour un certain nombre de personnes (les parents des enfants concernés, par exemple, ont manifestement cherché à ce que l'expérimentation se poursuive) ? Le travail sociologique interdit de la voir comme une innovation disruptive qui se jouerait de la norme par son inventivité audacieuse, mais aussi comme l'émanation mécanique de l'idéologie supposément dominante visant, au final, à protéger la reproduction sociale et à générer, en passant, de substantiels profits. Il incline plutôt à comprendre ce que la survenue d'un phénomène doit à l'organisation sociale ; en l'occurrence, ici, il s'agit de comprendre ce qu'expriment des tendances qui affectent la société française contemporaine la pratique d'une telle expérimentation et les modalités de sa réception critique.

Lorsque l'on soumet le regard à une telle exigence, une dimension passée relativement inaperçue de l'expérimentation de Céline Alvarez se trouve replacée au centre de l'analyse : le fait qu'elle résulte d'un processus historique par lequel la reconnaissance et le renforcement des formes d'autonomie individuelle, y compris enfantines, se sont imposés comme des attentes sociales majeures. Si l'institutrice a pu convaincre le ministère, si elle a réussi à former une coalition avec les neurosciences, si l'établissement situé dans un quartier populaire a effectivement accueilli l'expérience, si les parents se sont mobilisés pour essayer de faire en sorte que l'expérimentation dure, c'est en effet que cette dernière est venue répondre à des attentes générées par l'évolution historique de la morphologie sociale française.

Or la sociologie est d'un grand secours pour identifier conjointement ces attentes et leur assise sociale. Émile Durkheim a établi combien l'accroissement de la division du travail avait pour effet une progression de l'individualisme normatif, c'est-à-dire l'attribution collective d'un sens positif à l'individu, désormais porteur de droits et susceptible de revendiquer sa singularité[2]. Pour sa part, Norbert Elias insiste sur ce que provoque l'extension des chaînes d'interdépendances (c'est-à-dire le fait que les individus, les groupes sociaux et les États se trouvent pris dans des maillages d'interrelations toujours plus longs et denses) : des attentes d'égalisation des statuts tout autant que des demandes de reconnaissance des différences (ce qu'il nomme diminution des contrastes

2 — Émile Durkheim, *De la division du travail social*, Paris, Quadrige PUF, 2007 [1893].

et accroissement des variétés)[3]. La tendance à la distanciation, chère à Karl Mannheim, par laquelle les individus en viennent progressivement à rapporter leur expérience à leur appartenance à des groupes sociaux davantage qu'à des causes magico-mystiques, à l'ordre naturel ou à la fatalité, entraîne quant à elle un renforcement du désir d'intelligibilité de la situation sociale des uns et des autres. Il est aussi possible de considérer ce que le sociologue néerlandais Cas Wouters, continuateur de l'œuvre de Norbert Elias, nomme l'informalisation, dont l'un des effets est de rendre l'imposition unilatérale d'une autorité surplombante plus difficilement acceptable[4]. L'ensemble de ces processus converge en outre vers de puissantes revendications d'autonomie, perçue comme un des horizons de l'émancipation collective promis par les sociétés modernes[5].

Des revendications d'autonomie individuelle dans une perspective égalitaire d'émancipation qui se traduisent en particulier par une transformation interne des formes de légitimation des rapports d'autorité dans la relation éducative ou, pour le dire autrement, des attentes de reconnaissance conjointe d'une meilleure intégration sociale et d'une plus grande différenciation jusque dans la prise en considération des caractéristiques individuelles, tels sont les effets d'une évolution historique très largement documentée et qui rend possible la survenue d'expérimentations comme celle de Céline Alvarez. Il ne s'agit pas de chercher à réhabiliter cette expérimentation, mais de comprendre à quoi elle est venue répondre, pour pouvoir ensuite distinguer ce qu'il convient d'en recevoir dans la perspective d'une pensée socialiste de l'éducation, et ce qui en constitue des dimensions pathologiques. De ce point de vue, si les formes de renaturalisation qui s'expriment dans le compte rendu que Céline Alvarez donne de son expérimentation sont effectivement largement critiquables, ce n'est pas nécessairement le cas des attentes sociales qui valorisent l'autonomie individuelle des élèves et la transformation des rapports d'autorité, dès lors que celles-ci continuent de s'inscrire dans la perspective d'une émancipation collective[6]. Il est au contraire primordial de reconnaître ce que cette expérimentation exprime des évolutions de la normativité interne aux relations éducatives contemporaines, dès lors que ces transformations peuvent et doivent être comprises comme de véritables nécessités sociales. Comme le remarquait déjà Émile Durkheim au début du XXe siècle, « que la société [...] s'oriente dans un sens individualiste, et tous les procédés d'éducation qui peuvent avoir pour effet de faire violence à

3 — Norbert Elias, *La dynamique de l'Occident*, Paris, Press Pocket, 1975 [1939].

4 — Cas Wouters, *Informalization: Manners and Emotions since 1890*, Londres, Sage, 2007.

5 — Pour un exemple précis de cette convergence, sur la question de l'assistance aux sans-abri, voir Édouard Gardella, *La solidarité individualiste. L'assistance moderne aux sans-abri et ses pathologies*, Paris, Economica, 2023.

6 — Cet article s'inscrit ainsi dans la continuité du numéro 5 de la revue sur *L'école émancipatrice*.

École Montessori.
CC FRANCIANE HEIDEN RIOS

l'individu, de méconnaître sa spontanéité interne, apparaîtront comme intolérables et seront réprouvés[7] ». De la même manière, le principe d'horizontalisation, que Céline Alvarez emprunte en effet à la méthode Montessori, ne signifie pas qu'en toute généralité, l'existence d'asymétrie entre les enseignants et les élèves serait en soi condamnable ; il traduit plutôt le fait que l'autorité, entendue comme ascendance morale doit, pour éviter d'être reçue comme l'exercice d'une domination indue, toujours plus se fonder sur une prise en considération des aspirations à la compréhension de son fondement normatif de celles et ceux sur lesquels elle s'exerce.

Il est impératif de renouer avec l'élucidation de ces nécessités sociales pour parvenir à nous extraire des oppositions entre méthodes « alternatives » et pédagogie « classique », entre atermoiements quant à l'effondrement de l'autorité à l'école et glorification d'une horizontalité statutaire, entre naturalisation des inégalités scolaires[8] et promotion de la réussite individuelle fondée sur le travail. De ce point de vue, la séquence enclenchée par l'expérimentation de Céline Alvarez peut et doit être comprise comme une mise à l'épreuve au cours de laquelle s'explicitent les transformations sociales qui affectent conjointement les revendications croissantes d'autonomie individuelle et les rapports d'autorité à l'école. Un tel regard consiste alors à comprendre positivement ce que l'expérimentation exprime (y compris dans ce qu'elle a pu avoir de plus contesté), c'est-à-dire à y déceler des traits des normes immanentes des communautés éducatives dans la société française de ce début de XXIe siècle. Ainsi, elle a d'abord manifesté la possibilité que les rapports d'autorité entre enseignants et élèves soient davantage légitimés lorsqu'une meilleure prise en considération des attentes – socialement et historiquement façonnées – d'autonomie individuelle des enfants est assurée. Les enseignants ne déchoient pas de leur statut différencié pour autant, pas plus que les élèves ne deviennent co-constructeurs consuméristes de la relation pédagogique : simplement, le mécanisme de légitimation de l'autorité des maîtres et maîtresses fonctionne d'autant mieux que celle-ci prend appui sur une reconnaissance de l'autonomie de chacune et de chacun *dans une perspective collective* (ce qui différencie l'individualisme social de l'individualisme libéral[9]). Les enseignantes et enseignants de France et de Navarre ne s'y trompent d'ailleurs pas : nombreuses sont les pratiques

7 — Émile Durkheim, *Éducation et sociologie*, Paris, PUF Quadrige, 2021, [1922], p. 109-110.

8 — Y compris lorsque la naturalisation prend une forme sociale, assurant par exemple que l'école ne peut en réalité rien tant les déterminations sociales sont puissantes.

9 — Cet argument peut être rapproché de celui qui se trouve au cœur d'un article de Cyril Lemieux dans le numéro 3 de cette même revue : « Les limites de la victimisation. Ce que l'individualisation des rapports sociaux fait aux classes populaires » (2021, p. 24-37).

quotidiennes qui ménagent dans l'enseignement public une nouvelle place aux élèves à travers, pour ne prendre que quelques exemples, la tenue de conseils à l'intérieur de classe associant pleinement les enfants, l'attribution de rôles tournants impliquant les élèves dans l'organisation de la classe ou la combinaison de pédagogies dans les apprentissages fondamentaux.

Ensuite, l'observation du déroulement de l'expérimentation a permis d'indiquer que des aménagements matériels, pédagogiques et scolaires sont susceptibles d'avoir de réels effets d'émancipation individuelle et collective, congédiant aussi bien le mythe de la réussite personnelle reposant sur la capacité à puiser dans des ressources intimes inégalement réparties entre individus que celui d'une reproduction sociale si figée, en particulier *via* la famille que l'école ne peut en réalité que préserver celle-ci, voire l'accroître. Ainsi, malgré sa tendance erronée à la renaturalisation de ce qui convient ou ne convient pas aux enfants, et dont les ressorts ont été savamment démontés par la critique, cette séquence expérimentale a néanmoins contribué à dénaturaliser, cette fois, le fatalisme social et rouvert la possibilité d'une action directe sur les inégalités scolaires[10]. Voilà qui dessine une alliance renouvelée entre sciences sociales et praticiennes et praticiens de l'action éducative, ironiquement sur le fondement d'une innovation pédagogique qui a pourtant cherché son objectivation scientifique du côté des neurosciences, mais dont l'horizon est bien, encore et toujours, celui d'une émancipation solidairement individuelle et collective.

10 — Pour un exemple récent d'identification de leviers concrets d'action sur la réduction des inégalités scolaires grâce au travail sociologique, voir la recherche en cours animée par Jérôme Deauvieau succinctement présentée ici : <https://www.ens.psl.eu/actualites/etudier-les-liens-entre-methodes-d-enseignement-de-la-lecture-et-inegalites-scolaires>

Maître de conférences en sociologie du droit à l'École normale supérieure et membre du Lier-Fyt (EHESS), Cédric Moreau de Bellaing travaille sur l'histoire des pratiques du maintien de l'ordre. Il est l'auteur de *Force publique. Une sociologie de l'institution policière*, Paris, Economica, 2015.

TÉMOIGNAGES

FONCTIONS DES SANCTIONS PÉNALES : TÉMOIGNAGES DE JUGES DES ENFANTS

TÉMOIGNAGE #1

CATHERINE SULTAN

Catherine Sultan est présidente de chambre à la cour d'appel de Paris. Elle a été notamment juge des enfants à Douai, Évry, Paris et Créteil, et Directrice de la Protection Judiciaire de la Jeunesse de 2013 à 2017.

Le présent numéro traite de l'autorité en démocratie. Comment concevez-vous la fonction d'autorité incarnée par le juge des enfants?

Le juge des enfants intervient dans deux champs, distincts et complémentaires : d'une part celui de la protection de l'enfance en danger et d'autre part celui du traitement de l'enfance délinquante. Pour le premier il se réfère aux textes du Code civil sur l'assistance éducative, pour le second à la loi pénale complétée d'une procédure spécialisée applicable aux mineurs. Dans chacun de ces deux cadres le juge des enfants va prendre une décision (mesure de protection, mesure éducative, peine) qui, le plus souvent, s'inscrit dans une certaine durée, espace de temps durant lequel des services éducatifs missionnés par le magistrat vont intervenir auprès d'un enfant et de sa famille pour faire évoluer une situation critique avant d'en rendre compte au juge des enfants. À l'issue de cette démarche, fréquemment, le juge des enfants poursuivra ou conclura son intervention en tenant compte du chemin parcouru.

Ce temps judiciaire est déterminant du mode d'exercice de l'autorité par le juge des enfants qui, dans son office, ne se limite pas à « dire la loi » ou à « arbitrer un conflit ». Pour tendre aux objectifs assignés par la loi, le juge des enfants doit s'efforcer d'intégrer la compréhension et l'appropriation du sens de sa décision par ceux auxquels elle s'applique. Ce positionnement place le juge, à chaque étape de son intervention, dans l'obligation d'expliciter le sens et la finalité de sa décision, l'efficacité de l'action éducative en dépendant. Dans ce sens l'article 375-1 du Code civil formule que « le juge des enfants doit toujours s'efforcer de recueillir l'adhésion de la famille à la mesure envisagée… » C'est une obligation de moyen et non de résultat. L'autorité du juge des enfants s'enracine donc dans l'explicitation du cadre légal de son intervention : en matière civile la mise en danger de la sécurité physique et moral de l'enfant, de ses conditions d'éducation et de son développement, en matière pénale les contours d'une infraction définie par la loi. Le juge des enfants doit ensuite caractériser, comme tout juge, en quoi la situation singulière qui lui est soumise correspond à cette définition générale, et en quoi il est légitime qu'un juge, autorité indépendante, impose une décision au mineur en conflit avec la loi ou à ses parents dans l'exercice de leur autorité parentale. Le juge des enfants façonne son autorité à travers une pédagogie de la loi ou pédagogie de l'autorité. L'autorité du juge des enfants s'exerce dans l'intérêt de l'enfant, bienveillante au risque d'une dose de paternalisme, elle s'adosse à l'ambition ou au pacte conçu par la société pour ses enfants.

Dans ce cadre, quelle fonction donnez-vous à la peine appliquée aux mineurs? Peut-on trouver dans cette fonction une matrice de la justice pénale des majeurs – dans ce que la sanction pénale peut avoir de caractère éducatif en plus de son caractère rétributif –, ou faut-il tracer une distinction nette dans leur nature?

Longtemps la justice pénale des mineurs a été considérée comme novatrice et source d'inspiration pour le droit pénal des majeurs, dans le sens d'une politique criminelle humaniste telle que promue par la défense sociale nouvelle. Cette justice vise à agir sur les causes de la transgression sans se contenter de répondre à l'acte délictueux et associe au traitement judiciaire une approche socio-éducative pour inscrire la réponse institutionnelle durablement dans un parcours individuel. La peine de sursis probatoire dans ses évolutions, l'association du soin au traitement pénal, font bien partie de ce mouvement et de cette volonté dans l'intérêt du condamné, de la victime et de la société. Depuis plus de vingt ans, l'attraction est également inverse. La justice pénale des mineurs se rapproche dangereusement de celle des majeurs par le recours à des procédures permettant de juger plus vite, en

« CE POSITIONNEMENT PLACE LE JUGE, À CHAQUE ÉTAPE DE SON INTERVENTION, DANS L'OBLIGATION D'EXPLICITER LE SENS ET LA FINALITÉ DE SA DÉCISION, L'EFFICACITÉ DE L'ACTION ÉDUCATIVE EN DÉPENDANT. »

privilégiant la prise en compte la nature de l'acte commis, plus que celle de la personnalité de l'auteur.

Juger un mineur c'est toujours s'inscrire dans une perspective éducative qui allie la réponse nécessaire à l'interdit social transgressé, la compréhension du sens de l'infraction dans la trajectoire du mineur et les moyens de son insertion et de son éducation. Le principe de la priorité éducative dans toute peine prononcée à l'encontre d'un mineur, rappelé clairement par le récent code de la justice pénale des mineurs, ne cède pas, même quand la gravité de l'infraction et la personnalité de l'auteur justifient d'écarter la mesure éducative au profit du prononcé d'une peine. Ce principe général de la justice des mineurs est une traduction de la responsabilité des adultes à l'égard de l'enfance; il tend, à mon sens, à conserver la volonté pour chaque adolescent qu'il puisse trouver sa place dans la société. Cet objectif, plus ambitieux, ne s'oppose pas frontalement à la finalité de la peine définie par l'article 130-1 du Code pénal, applicable aux majeurs, qui lui fixe un double objectif : sanctionner l'auteur des faits et favoriser son amendement, son insertion ou sa réinsertion. Les conditions dans lesquelles s'exerce la justice pénale des majeurs peuvent aller à l'encontre de ces objectifs pourtant posés par la loi, par le recours excessif aux comparutions immédiates, même pour des faits complexes et en raison d'une chaîne pénale embouteillée qui ne permet pas de maîtriser le temps judiciaire.

Constatez-vous une évolution dans le rapport à l'autorité des mineurs – et de leurs parents – confrontés au juge pénal?

La fonction de juger consiste à apprécier des situations individuelles, très diverses, à l'aune d'une loi générale. Il est risqué d'en tirer des généralités. Cette diversité fait aussi de la justice un miroir grossissant (et certainement déformant) des évolutions d'une époque. Le rapport d'autorité au sein des familles a bougé, le rapport à l'institution, à l'école en particulier, également; la révolution des réseaux sociaux impacte les modes relationnels. Pour autant, l'autorité du juge des enfants ne me semble pas menacée. Le juge des enfants constitue un point de repère structurant auquel les adolescents se confrontent, il incarne la double fonction de la loi : poser une limite et protéger.

La justice pénale des mineurs parvient-elle à jouer un rôle d'intégration ou de réorganisation sociale? A-t-elle pour objet de pallier le déficit de la fonction d'intégration d'autres institutions, l'école et la famille en particulier?

La justice pénale des mineurs joue son rôle si elle reste à sa juste place et ne vient pas se substituer à l'autorité au sein de la famille, à celle de l'école ou à toute autre institution légitime. Elle ne doit pas être utilisée pour pallier la défaillance de la prévention et du soin, dépourvus de moyens suffisants. Les juges des enfants redoutent d'être instrumentalisés ou utilisés comme incarnant une autorité *sui generis*, hors-sol, alors qu'ils tiennent leur légitimité des seuls les critères de compétence posés par la loi.

Comment concevez-vous dans ce cadre la dialectique entre l'office pénal et l'office civil du juge des enfants ?

Comme les deux faces d'une même médaille. La double compétence du juge des enfants est une traduction de la responsabilité d'une société à l'égard des plus jeunes : protéger, sanctionner, toujours éduquer, ne pas renoncer, ne pas exclure. C'est un projet humaniste et réaliste, à distance d'une vision simplificatrice et pessimiste des relations intergénérationnelles.

TÉMOIGNAGE #2

KIM REUFLET

Kim Reuflet est présidente du Syndicat de la Magistrature. Elle a notamment été juge des enfants au tribunal judiciaire de Nantes.

Le présent numéro traite de l'autorité en démocratie. Comment concevez-vous la fonction d'autorité incarnée par le juge des enfants ?

Le juge des enfants s'est construit autour d'un modèle alternatif à celui d'une justice qui exhibe les symboles de son autorité dans un procès ritualisé au décorum volontairement impressionnant. Le juge ne trône pas en majesté sur son estrade mais officie dans un bureau, face au justiciable, dans une certaine proximité qui favorise l'échange et oblige dans le même temps à trouver d'autres ressources que sa seule place de juge pour asseoir son autorité.

Il est intéressant de se référer à la pensée d'Hannah Arendt sur l'autorité développée dans *La crise de la culture* pour identifier les ressorts bien particuliers de l'autorité du juge des enfants : « S'il faut vraiment définir l'autorité, alors ce doit être en l'opposant à la fois à la contrainte par force et à la persuasion par arguments. » Alors que l'autorité devrait exclure l'emploi de moyens extérieurs de coercition, l'usage possible de la force légitime est inhérent aux décisions du juge des enfants et fonde en partie son autorité. Mais surtout, alors que l'autorité est normalement « incompatible avec la persuasion qui présuppose l'égalité et opère avec un processus d'argumentation », pour reprendre à nouveau les termes d'Hannah Arendt, l'autorité du juge des enfants s'appuie sur le processus juridictionnel dont il est le garant. Au cours de ce processus, le juge ne cherche pas à persuader les justiciables du bien-fondé de sa décision, mais son office confine parfois à cet exercice : tous les juges des enfants savent à quel point il est fructueux d'obtenir l'adhésion du mineur et de ses parents à la mesure prononcée, y compris lorsqu'il s'agit d'une sanction pénale, car cette adhésion – soit la reconnaissance que la décision est juste et qu'il faut s'y soumettre – est gage d'une meilleure exécution de la sanction.

À mes yeux, le juge des enfants incarne une version plus moderne, plus modeste, plus démocratique de l'autorité : une autorité qui n'a pas peur de la contradiction et qui, loin de se sentir affaiblie par le débat, en sort confortée par la garantie que la décision qu'elle soutient aura été mûrement réfléchie après que chacun aura pu développer ses arguments. Cela peut paraître contradictoire, mais c'est une autorité qui repose sur l'adhésion.

Enfin, parce que son office lui offre la chance de suivre pendant plusieurs années des enfants et adolescents, le juge des enfants éprouve la solidité ou au contraire la fragilité d'une autorité qui se construit au fil du temps. Plus que tout autre juge, il expérimente à travers son office que « l'autorité se conquiert sans cesse sans jamais pouvoir s'estimer définitivement acquise[1] ».

Dans ce cadre, quelle fonction donnez-vous à la peine appliquée aux mineurs? Peut-on trouver dans cette fonction une matrice de la justice pénale des majeurs – dans ce que la sanction pénale peut avoir de caractère éducatif en plus de son caractère rétributif –, ou faut-il tracer une distinction nette dans leur nature?

Le juge des enfants est soumis quotidiennement à une injonction paradoxale : éduquer en punissant. Les sciences de l'éducation nous apprennent qu'éduquer et punir sont des fonctions distinctes, voire antinomiques, mais la loi confie au juge des enfants la mission de faire les deux et la société érige sa sévérité en vertu : sa main ne doit pas trembler face aux mineurs « déviants ». D'âpres débats ont accompagné l'ouverture des établissements pénitentiaires pour mineurs

1 — Antoine Garapon, Sylvie Perdriolle, Boris Bernabé, *La Prudence et l'Autorité. Juges et procureurs du XXIe siècle*, Paris, Odile Jacob, 2014, p. 151.

(EPM) à la fin des années 2000 qui ont vu les éducateurs de la protection judiciaire de la jeunesse (PJJ) entrer en prison pour être le binôme de surveillants : peut-on éduquer sous contrainte carcérale ? Les avis continuent d'être partagés.

Outre que le principe selon lequel « toute transgression mérite punition » est asséné sans discernement dans le débat public, la justice des mineurs affronte l'idée, tenace, que les jeunes d'une génération sont toujours pires que ceux de la précédente : plus violents, moins respectueux de l'autorité, moins cultivés, moins travailleurs, etc. Les ingrédients sont ainsi réunis pour que la réponse de la société à des jeunes qui violent la loi et défient l'autorité soit de plus en plus sévère. Depuis l'ordonnance de 1945, la plupart des réformes du droit pénal et de la procédure applicables aux mineurs ont convergé vers un durcissement : création de sanctions éducatives car les mesures ne sont pas punitives, possibilité de cumuler peine et mesure éducative conduisant les juges à prononcer davantage de peines, possibilités accrues d'incarcération, création de centres éducatifs fermés qui avaient pourtant été bannis du paysage des structures d'accueil des mineurs délinquants. Il existe une sorte de consensus politique autour de cette nécessité permanente d'aggravation.

Dans un tel contexte, il est difficile de penser la sanction pénale des mineurs autrement que comme une pénalité adulte atténuée. Pourtant, dans la pureté des principes de la justice des mineurs, la primauté de l'éducatif sur le répressif devrait signer le renoncement au caractère rétributif de la sanction pénale – qui doit prioritairement être une mesure éducative. Si l'éducation du mineur prime, le punir par une sanction, parfois afflictive, devrait n'être qu'une option très subsidiaire.

C'est donc une gageure de penser la justice des mineurs sans référence à la justice des adultes : nous sommes drogués à la punition, et même à la prison. Il n'en demeure pas moins qu'à mes yeux, le juge des enfants doit se cramponner aux principes et toujours s'efforcer de penser éducatif. Il doit, autant que faire se peut, se dispenser du caractère rétributif de la peine.

Constatez-vous une évolution dans le rapport à l'autorité des mineurs – et de leurs parents – confrontés au juge pénal ?

Je relève une évolution de la place procédurale donnée à l'enfant, devenu l'interlocuteur principal du juge, en écho à l'évolution de sa place dans la société. L'enfant, sujet de droits de mieux en mieux garantis, est amené à participer pleinement aux débats relatifs aux mesures et peines prononcées contre lui là où, auparavant, le dialogue se nouait surtout entre adultes (le juge, le procureur, les parents, les éducateurs).

Mais la principale évolution que j'ai constatée en quelques années d'exercice tient davantage, me semble-t-il, à ma pratique de juge qu'à un nouveau rapport à l'autorité des personnes que je juge. Lorsque l'on exerce des fonctions de cabinet, comme celles de juge des enfants, l'on est amené à « tomber la robe ». Au début, c'est difficile car la robe établit une distance qui nous protège, mais à mesure que l'on progresse dans cet office, les échanges que l'on parvient à avoir avec les mineurs et leurs parents – y compris parfois au cours d'une audience pénale que l'on pourrait penser peu propice à l'exercice – sont d'une intensité et d'une richesse extraordinaires. Ils confèrent souvent une solide autorité à la décision prise à l'issue de l'audience, même si celle-ci est houleuse et émotionnellement très lourde.

Il ne faut cependant pas se bercer d'illusions : l'audience, même en cabinet, ressemble parfois à une pièce de théâtre avec ses faux-semblants. Chacun joue sa partition et celle des mineurs qui comparaissent, qui connaissent leur intérêt, est d'acquiescer docilement à ce que dit le juge. Cela reste une stratégie de défense efficace. Parfois, les échanges manquent totalement d'authenticité et le respect de l'autorité du juge est très formel.

La justice pénale des mineurs parvient-elle à jouer un rôle d'intégration ou de réorganisation sociale? A-t-elle pour objet de pallier le déficit de la fonction d'intégration d'autres institutions, l'école et la famille en particulier?

La grande majorité des mineurs ne voient le juge des enfants qu'une seule fois dans leur vie. Et la réalité est que si la plupart des mineurs auteurs d'un délit confrontés à la justice ne récidivent pas, il n'est pas possible d'affirmer que le passage devant le juge des enfants a été un facteur décisif. Ce constat force l'humilité : ces adolescents croisent la justice pénale au détour d'un accident de parcours et se passent facilement de ses services pour poursuivre leur chemin dans l'existence. S'agissant des mineurs multirécidivistes ancrés dans la délinquance, davantage concernés par la question posée, la justice intervient généralement en bout de course, après d'autres institutions (famille, école, hôpital, etc.) qui n'ont pas empêché les transgressions. La justice peut alors jouer un rôle intégrateur car elle a des outils pour cela[2] : elle peut accompagner ou contraindre des mineurs à suivre des enseignements, réaliser des activités d'insertion, entreprendre des soins contre une addiction ou des pathologies psychiques. Parce qu'elle s'appuie énormément sur les parents, elle peut aussi être un espace de parole où certaines difficultés familiales seront nommées, ce qui peut constituer le premier pas – souvent le plus difficile – vers la mise au travail d'un système familial qui dysfonctionne, ou encore le lieu d'une révélation qui permettra de protéger un adolescent d'un parent maltraitant. La justice peut véritablement favoriser de très beaux parcours de désistance qui sont aussi des chemins de résilience car

2 — Il est ici fait abstraction du manque de moyens qui, dans la pratique professionnelle, est le premier obstacle à l'efficacité de l'action de la justice.

souvent, les mineurs très délinquants sont marqués par des enfances chaotiques et traumatisantes.
Toutefois, il faut rester modeste : c'est l'action conjuguée de plusieurs institutions que la justice orchestre qui permet qu'un mineur sorte de la délinquance : famille, école, éducateur, psychologue, etc., et le mineur lui-même (qui garde ses mérites), tout le monde doit s'y mettre ! De plus, les travaux sur la désistance – désormais nombreux – ont montré que le passage à l'âge adulte, la rencontre amoureuse ou l'entrée dans la vie active sont des facteurs plus déterminants que la peine pour sortir de la délinquance juvénile.
En conclusion, je pense que la justice n'a pas vocation à pallier quoi que ce soit, même si c'est le rôle qu'on voudrait parfois lui conférer, mais doit simplement prendre sa place dans un paysage institutionnel où chaque acteur a son importance et un rôle à jouer dans l'éducation des enfants.

Comment concevez-vous dans ce cadre la dialectique entre l'office pénal et l'office civil du juge des enfants?

Selon moi, autorité et protection sont indissociables. Revenons-en à l'étymologie du mot autorité (du verbe latin *augere*, augmenter) : celui qui fait autorité sur l'enfant va « l'augmenter ». L'autorité n'est pas une fin en soi. Obtenir l'obéissance ou la soumission d'un mineur, juste pour l'obéissance, cela s'appelle du dressage. Celles et ceux qui en appellent à davantage d'autorité sur les mineurs « ensauvagés » se fourvoient sur la notion d'autorité. L'autorité a pour but d'aider le mineur à prendre sa place dans la société ; elle lui permet de grandir, d'explorer en sécurité, de faire des rencontres, de s'autonomiser progressivement dans des limites protectrices qui visent notamment à lui faire intégrer le pacte social. De fait, les parents non-protecteurs de leur enfant perdent souvent leur autorité car ils ne sont plus légitimes à décider pour lui, à lui fixer des limites. Je l'ai constaté à de très nombreuses reprises comme juge des enfants.
De la même façon, et même s'il ne s'agit pas d'une autorité de même nature, ma pratique m'a convaincue de ce que l'autorité du juge des enfants est indissociable de sa fonction de protection : c'est parce qu'il protège les mineurs en danger qu'il fait autorité dans sa fonction pénale qui est celle de sanctionner la transgression de la loi. Les mineurs se soumettent d'autant plus facilement à l'autorité d'une décision pénale qu'ils savent que le juge qui la prononce est celui qui a pour mission de les protéger, y compris jusqu'à décider de prononcer une peine de prison. Le juge des enfants puise son autorité et sa légitimité dans cette double casquette. Ce n'est pas par dogmatisme que les juges des enfants sont si attachés à leur double compétence, mais parce qu'ils savent que si l'office tutélaire leur est ôté, ils n'exerceront plus l'autorité de la même manière sur les mineurs délinquants et retrouveront alors les ressorts plus classiques de l'autorité du juge.

« L'AUTORITÉ A POUR
BUT D'AIDER LE MINEUR
À PRENDRE SA PLACE
DANS LA SOCIÉTÉ; ELLE
LUI PERMET DE GRANDIR,
D'EXPLORER EN SÉCURITÉ,
DE FAIRE DES RENCONTRES,
DE S'AUTONOMISER
PROGRESSIVEMENT DANS
DES LIMITES PROTECTRICES
QUI VISENT NOTAMMENT
À LUI FAIRE INTÉGRER
LE PACTE SOCIAL. »

TÉMOIGNAGE #3

ÉTIENNE LAURET

Étienne Lauret est juge des enfants au tribunal judiciaire d'Évry.

Le présent numéro traite de l'autorité en démocratie. Comment concevez-vous la fonction d'autorité incarnée par le juge des enfants ?

Je pense que l'on peut tenter d'éclairer la question de l'autorité incarnée par le juge des enfants en se rapportant à son office, que l'on peut qualifier, pour reprendre la terminologie dégagée par Antoine Garapon *et alii* dans *La prudence et l'autorité*, d'office « tutélaire » : l'office du juge des enfants est prioritairement un office de protection – prioritairement et non exclusivement, car cohabitent avec celui-ci dans sa pratique les autres formes d'office que sont l'office jurisprudentiel, l'office processuel, l'office de vérité, l'office sanctionnateur et l'office libéral. Le juge des enfants représente, du moins s'agissant de son office civil, qui constitue le cœur de son activité, une « autorité qui protège », avec cette particularité qu'il est condamné en cela à exhiber en permanence les conditions de sa propre légitimité. À la différence du juge civil, auquel les parties ont choisi de s'en remettre pour régler leur différend, à la différence du juge pénal, dont bien peu de justiciables contestent le pouvoir de sanctionner, le juge des enfants est tenu d'incarner en pratique la légitimité du corps social à exercer un droit de regard sur le désordre des familles, en se faisant le garant du strict respect des dispositions légales : s'agissant des conditions de sa saisine (la grave compromission des conditions de développement de l'enfant, pour reprendre les termes de l'article 375 du Code civil), mais aussi et surtout s'agissant des garanties processuelles qui assurent aux parties un procès équitable. Dans le dialogue direct qui peut s'instaurer dans le cabinet du juge, où celui-ci se trouve dépourvu des attributs de l'autorité attachés au corps judiciaire (la robe, la salle d'audience, etc.), il appartient toujours au juge des enfants de restituer à des justiciables souvent en situation de grande fragilité et dépourvus de clairvoyance normative une part de leur dignité en s'assurant du respect de leurs droits et des principes directeurs de la procédure civile (en premier chef le principe du contradictoire). Cette exigence est redoublée par une règle bien particulière à la matière de l'assistance éducative, inscrite à l'article 375-1 du Code civil, qui dispose que le juge des enfants « doit toujours s'efforcer de recueillir l'adhésion de la famille » : le Code civil vient dessiner ici l'image d'une justice qui est d'autant mieux rendue que la décision est acceptée et comprise, non seulement donc par le respect des garanties processuelles, mais aussi par la mise en pratique des règles déontologiques (l'écoute, la délicatesse, l'attention à autrui, etc.), et *in fine* par l'explicitation par le juge de ce que constitue l'intérêt de l'enfant. Garanties processuelles, respect des principes déontologiques, intérêt de l'enfant : se dessine ainsi une autorité qui vient exhiber sa propre légitimité en s'exerçant avec rigueur, humilité, et prudence.

Dans ce cadre, quelle fonction donnez-vous à la peine appliquée aux mineurs? Peut-on trouver dans cette fonction une matrice de la justice pénale des majeurs – dans ce que la sanction pénale peut avoir de caractère éducatif en plus de son caractère rétributif –, ou faut-il tracer une distinction nette dans leur nature?

Cet office tutélaire du juge des enfants vient en quelque sorte se télescoper avec son office sanctionnateur, lorsqu'il prend les habits du juge pénal appelé à connaître des infractions commises par des mineurs. Les principes directeurs de la procédure pénale appliquée aux mineurs commandent que leur relèvement soit recherché avant tout par l'application de mesures éducatives, des peines n'étant prononcées qu'à titre subsidiaire. Le juge des enfants dans son exercice pénal se trouve ainsi confronté à un office hybride, d'autant que les mineurs qu'il a à sanctionner ont pu aussi passer par son cabinet dans le cadre d'une procédure en assistance éducative. Je pense qu'il faut en ce sens insister sur la spécificité de la justice pénale des mineurs, d'autant plus que l'on assiste à un glissement progressif de celle-ci vers la procédure pénale des majeurs – ainsi de récentes volontés affichées de l'exécutif d'instaurer des formes de « comparutions immédiates » pour mineurs. Cela suppose cependant du juge des enfants qu'il se tienne sur une ligne de crête. Il est très clair que l'audience pénale et la sanction appliquée aux mineurs prennent une dimension éducative, en ce qu'elles participent d'un « apprentissage de la limite », et en ce qu'elles visent à capabiliser les mineurs en leur restituant les conditions d'un juste usage de leur liberté : par l'accompagnement des services de la Protection Judiciaire de la Jeunesse, mais aussi là encore par le strict respect des dispositions légales qui a aussi pour fonction d'intégrer le mineur dans la communauté des sujets de droits. Il est particulièrement important que celui-ci confronté à la justice pénale puisse expérimenter qu'il fait partie de la communauté sociale en ce qu'il est dépositaire de droits autant que de devoirs, et que toute sanction interviendra à l'issue d'une procédure qu'il doit pouvoir se représenter comme équitable. Je pense en revanche que le caractère éducatif de la sanction s'arrête là, et qu'il faut se garder d'attribuer à la peine, y compris appliquée au mineur, une fonction autre que rétributive – sauf à considérer que l'on pourrait envoyer des mineurs en prison dans un but éducatif, voire « pour leur bien », ce qui me semble une pente dangereuse.

Constatez-vous une évolution dans le rapport à l'autorité des mineurs – et de leurs parents – confrontés au juge pénal ?

Je ne sais pas si l'on peut parler d'une évolution dans le rapport à l'autorité des mineurs et de leurs parents – et je n'exerce pas les fonctions de juge des enfants depuis assez longtemps pour me rendre compte d'une telle évolution si celle-ci existait –, mais je peux constater en revanche que l'on assiste au retour d'un discours sur l'autorité dont les attributs me semblent très éloignés de l'image que j'ai dégagée dans mes réponses aux deux premières questions. Le juge des enfants est sommé d'exercer en permanence un retour critique sur le pouvoir qu'il exerce, tant ses décisions peuvent avoir des effets sociaux forts, et son office se joue ainsi dans la dialectique d'une autorité qui établit la légitimité de son intervention par la garantie des droits des personnes dont elle a à connaître. Qu'apprend-on à un mineur que l'on sanctionne pour s'être rebellé après une interpellation qu'il a vécue comme humiliante parce que les règles déontologiques et les principes processuels n'ont pas été appliqués par les agents interpellateurs ? Certainement que l'autorité s'exerce par la force et qu'il est fait peu de cas de sa dignité en tant que sujets de droits. Se dessine l'image d'une jeunesse que l'on voudrait « au pas », ce qui est très éloigné d'une jeunesse capable.

La justice pénale des mineurs parvient-elle à jouer un rôle d'intégration ou de réorganisation sociale ? A-t-elle pour objet de pallier le déficit de la fonction d'intégration d'autres institutions, l'école et la famille en particulier ?

Je crois qu'il faut circonscrire ce que la justice peut, et ce qu'elle ne peut pas. Si l'on considère que l'intégration à la communauté sociale s'opère notamment par l'effectivité des droits attribués aux personnes, alors l'autorité judiciaire peut jouer un rôle d'intégration en s'assurant du respect des droits processuels et des libertés publiques, et joue un rôle régulateur par la sanction des comportements déviants. La spécificité de la justice pénale des mineurs réside dans la manière dont elle le fait. Dans son office pénal, le juge des enfants intervient pour sanctionner la commission d'une infraction et prévenir la récidive. Compte tenu de la situation particulière qui est celle des mineurs confrontés à la justice pénale, elle le fait néanmoins prioritairement par l'application de mesures éducatives dont elle confie l'exécution à la Protection Judiciaire de la Jeunesse, dont les éducateurs assurent un accompagnement qui prend souvent une forme pluridisciplinaire tant les mineurs auteurs d'infraction sont pour certains confrontés à des problématiques multiples (déscolarisation, précarité sociale, addictions, etc.). La mesure éducative judiciaire, telle qu'elle est définie dans le code de justice pénale des mineurs, consiste ainsi en « un accompagnement individualisé du mineur

« LE JUGE DES ENFANTS EST SOMMÉ D'EXERCER EN PERMANENCE UN RETOUR CRITIQUE SUR LE POUVOIR QU'IL EXERCE, TANT SES DÉCISIONS PEUVENT AVOIR DES EFFETS SOCIAUX FORTS, ET SON OFFICE SE JOUE AINSI DANS LA DIALECTIQUE D'UNE AUTORITÉ QUI ÉTABLIT LA LÉGITIMITÉ DE SON INTERVENTION PAR LA GARANTIE DES DROITS DES PERSONNES DONT ELLE A À CONNAÎTRE. »

construit à partir d'une évaluation de sa situation personnelle, familiale, sanitaire et sociale », et qui « vise la protection du mineur, son assistance, son éducation, son insertion et son accès aux soins ». De ce point de vue, si le juge des enfants ne peut ignorer les déterminants sociologiques à l'œuvre dans la confrontation des mineurs à la justice, il ne peut cependant perdre de vue qu'il n'intervient pas dans la vie des mineurs à la manière d'un professeur ou d'un médecin : il ne faut pas oublier que les mesures prononcées par celui-ci, si elles peuvent prendre la forme de mesures d'accompagnement permettant parfois la rencontre un mineur et son éducateur et qui peuvent aboutir à des situations de « réussite éducative », demeurent des mesures qui se situent du côté de la contrainte.

Comment concevez-vous dans ce cadre la dialectique entre l'office pénal et l'office civil du juge des enfants?

Peut-être que dans un cas comme dans l'autre, le juge des enfants a finalement pour souci de venir soutenir les « capabilités » des mineurs dont il a à connaître les situations. Si l'on considère que l'enfance délinquante est aussi et souvent avant tout une enfance en danger, alors l'office pénal et l'office civil ne peuvent que se rejoindre dans un souci apporté à l'enfant en tant que sujet de droits dans l'ensemble de ses dimensions, et permettre à l'office du juge des enfants de pleinement incarner la fonction de la Loi : poser une limite qui protège.

Réalisé par
Étienne Lauret

CÉDRIC MOREAU DE BELLAING

SAUVER L'AUTORITÉ POLICIÈRE D'ELLE-MÊME (ET DE QUELQUES AUTRES)?

Si se lamentater de l'effondrement de l'autorité est une ritournelle des sociétés modernes[1], sa verbalisation au sein des forces de l'ordre est, probablement plus qu'ailleurs encore, récurrente et partagée. Elle semble même parfois tenir lieu d'explication à la majeure partie des situations conflictuelles que connaissent aujourd'hui policiers et gendarmes dans l'exercice de leur fonction. Pas une seule enquête sociologique conduite au cours de ces deux dernières décennies n'a ainsi pu échapper à l'expression de ce témoignage, qui tient à cœur à ses locuteurs tant le phénomène qu'elle vise semble désorienter leurs pratiques professionnelles.

1 — Voir par exemple à propos de la même inquiétude au XIXe siècle, « Faire autorité dans la France du XIXe siècle », *Le Mouvement social*, 224, 2008.

L'invariabilité de sa structure est remarquable : l'effritement de l'autorité serait le fait d'un penchant accru à la rébellion d'individus de plus en plus jeunes, tendanciellement plus agressifs et violents qu'auparavant, et dont le cadrage est défaillant, que celui-ci revienne aux parents, à l'éducation nationale ou à la justice. Celui-ci engendrerait alors toujours plus de remises en cause de l'autorité, appelant nécessairement une réponse vigoureuse de la part des agents des institutions policière et gendarmique, au nom de la préservation de l'ordre public et, *in fine*, du régime politique.

C'est ainsi que nombre de policiers et de gendarmes, tous grades confondus, se vivent comme l'ultime rempart face à ce qu'ils perçoivent comme des menaces de dislocation de la société française, menaces qui s'expriment alors en première intention dans le refus principiel de l'autorité et, par conséquent, dans une hostilité inextinguible vis-à-vis des professions représentant l'ordre. C'est d'ailleurs par ce prisme d'interprétation que des groupes pourtant bien distincts, comme les bandes issues des quartiers populaires, les djihadistes et les militants d'extrême gauche, peuvent parfois se retrouver mis dans le même sac des adversaires devenus ennemis[2]. En outre, la situation serait si dégradée que certains, souvent des officiers ou des commissaires, alertent même quant à la progressive contamination interne que connaîtraient désormais leurs propres institutions par l'épidémie d'insoumission à l'autorité. Un nombre non négligeable de jeunes recrues tendraient ainsi à se montrer aussi rétives au respect de l'autorité hiérarchique, redoublant à *l'intérieur* du métier le défi que la décomposition du principe d'autorité lance à l'action quotidienne des forces de l'ordre. Et s'il est toujours possible de chercher à relativiser ce double diagnostic interne et externe en identifiant, dans le passé, la récurrence d'énoncés similaires, celui-ci provoque de puissants effets performatifs sur l'activité policière et gendarmique d'aujourd'hui au motif que, pour le dire avec les mots de William Thomas, « si les hommes définissent une situation comme étant réelle, alors elle est réelle dans ses conséquences[3] ».

« Un nombre non négligeable de jeunes recrues tendraient ainsi à se montrer aussi rétives au respect de l'autorité hiérarchique. »

2 — Pour un exemple récent, voir David Le Bars, *La haine dans les yeux*, Paris, Albin Michel, 2019.

3 — William Isaac Thomas, *The Child in America*, New York, Alfred A. Knopf, 1938.

Ce constat n'empêche certes pas un certain nombre de voix de chercher à mettre en perspective une telle certitude. Le recours au regard historique permet non seulement de l'inscrire dans une longue série litanique de déploration du risque de disparition de l'autorité comme principe organisateur de la société, et dont la congruence avec la réalité sociale n'est attestée ni avant, ni aujourd'hui, mais aussi d'indiquer que cette affirmation est souvent l'indice d'*autre chose* que le phénomène qu'elle prétend dénoncer. Des connaisseurs des institutions policières et gendarmiques ont cherché à réinscrire ce mantra dans un horizon moral et politique volontiers conservateur des forces de l'ordre, horizon attesté dès les premiers travaux que les sciences sociales ont consacrés aux activités policières[4]. D'autres chercheurs, insatisfaits de cette explication frôlant parfois la tautologie, ont plutôt tenté de trouver dans les conditions de travail et dans l'organisation professionnelle des forces de l'ordre les mécanismes susceptibles d'éclairer l'enracinement du diagnostic de l'effacement de l'autorité policière[5]. De manière stimulante, ces enquêtes ont mis en évidence que celui-ci pouvait être compris à partir de la déstabilisation provoquée par une succession de réformes ayant (1) contribué à une redéfinition en profondeur de la profession[6], (2) conduit à une spécialisation toujours plus poussée nuisant à la cohésion interne des collectifs policiers[7] et (3) servi à (ré)affirmer l'autorité des responsables policiers sur des agents de terrain considérés comme disposant de trop d'autonomie dans la définition et la poursuite de leurs missions[8].

Ces réformes sont réputées avoir eu un effet de double fragilisation. Fragilisation, en premier lieu, des principes du travail policier dès lors qu'elles n'ont à aucun moment considéré comme un horizon professionnel (et politique) souhaitable l'entretien de bonnes relations quotidiennes et ordinaires avec les populations administrées. Fragilisation ensuite de la structure même des relations entre police et population : en accroissant significativement les formes de contrôle pesant sur l'activité habituelle des policiers (et des gendarmes) et en s'assurant d'un renforcement des relations verticales d'autorité au sein de la profession, ces réformes auraient eu pour effet indirect que les policiers

4 — C'est ainsi que les travaux anglo-saxons pionniers insistent régulièrement sur cette inclination conservatrice des agents des forces de police. Voir William Westley, *Violence and the Police. A Sociological Study of Law, Custom and Morality*, Cambridge, MIT Press, 1970 ; Jerome Skolnick, *Justice Without Trial. Law Enforcement in Democratic Society*, New York, Wiley, 1966.

5 — Même si aucune enquête ne semble permettre d'objectiver qu'une telle évolution foncièrement antiautoritaire dans les relations entre police et population se soit effectivement traduite par un accroissement des formes de résistance à l'action policière.

6 — Frédéric Ocqueteau, Jean-Michel Schlosser, « La fin d'un modèle de sécurité publique à la française », *Cahiers de la sécurité et de la justice*, 46, 2019, p. 94-111.

7 — Élodie Lemaire, « Spécialisation et distinction dans un commissariat de police. Ethnographie d'une institution segmentaire », *Sociétés contemporaines*, 72 (4), 2008, p. 59-79.

8 — Christian Mouhanna, « Logiques hiérarchiques et cultures policières : les antagonismes internes et leurs conséquences sur l'évolution du service au public », *Revue française d'administration publique*, 185 (1), 2024, p. 25-44.

reproduisent, au gré des interactions professionnelles, les mêmes exigences de respect inconditionnel de l'autorité. Pris ensemble, ces travaux pointent unanimement les effets délétères, sur la nature même de l'autorité policière, des dégradations aussi bien objectives que subjectives des conditions de travail des forces de l'ordre. Or cette détérioration serait largement préjudiciable à la qualité du travail fourni par les policiers et les gendarmes, avec pour répercussion un accroissement de la conflictualité dans les relations entre forces de l'ordre et population.

La compréhension internaliste des transformations dans les rapports sociaux d'autorité est fondamentale : elle permet de mettre l'accent sur les multiples manières par lesquelles les relations professionnelles au sein des institutions d'ordre conditionnent les pratiques de leurs agents à destination de leur public. De ce point de vue, elle complète avantageusement l'intellection de l'évolution générale des relations entre les policiers et la population, que les discours de sens commun réduisent trop rapidement à un enjeu agonistique entre les premiers et les membres de la seconde. Plus précisément, cette démarche met en évidence que, loin d'être un isolat, l'institution policière est affectée par les mutations sociales générales.

« Ces travaux pointent unanimement les effets délétères, sur la nature même de l'autorité policière, des dégradations aussi bien objectives que subjectives des conditions de travail des forces de l'ordre. »

Car, en même temps que les logiques professionnelles internes aux institutions d'ordre semblent incliner les policiers à privilégier une conception naturalisante de la verticalité de l'autorité qu'ils exercent, une tendance à la contestation de la légitimité d'un tel type de rapport d'autorité, fondé exclusivement sur la différence statutaire qui sépare policiers et citoyens, semble s'accroître. Or un tel écart, qui tend à devenir fossé, érode la confiance que la population accorde à la police[9], et dans une moindre mesure à la gendarmerie, tandis que, symétriquement, il tend à valider par l'expérience quotidienne, dans une logique toute circulaire, les craintes déclinistes des forces de l'ordre. Cette confrontation autour de la naturalité de la

9 — Jacques de Maillard, Sebastian Roché, « Police : de la crise de l'autorité à l'autorité juste », *AOC*, 8 mars 2021.

légitimité de l'autorité policière semble ainsi prendre, aujourd'hui, une tournure particulière. En effet, si cette naturalisation de l'autorité policière est ancienne (Howard Becker l'estimait déjà être au cœur de la relation policier/quidam[10]) et s'il existe depuis tout aussi longtemps des résistances à la reconnaissance de l'autorité *per se* des forces de l'ordre[11], la forme que cette opposition prend de nos jours ne saurait être correctement comprise sans la rapporter à l'état actuel de l'organisation sociale et des rapports politiques qui la régissent.

Pour avancer sur sa caractérisation positive, reprenons la manifestation empirique par excellence à partir de laquelle surgit le diagnostic de l'effondrement de l'autorité : le contrôle d'identité et son déroulement type. Les sciences sociales ont montré que cet outil juridique à disposition des policiers est devenu une modalité particulièrement chérie des policiers d'expression d'une supériorité statutaire au sein de l'ordre social[12]. Dès lors, toute marque de défiance vis-à-vis du contrôle au cours de son déroulement est tendanciellement perçue comme une mise en cause de cette asymétrie statutaire, et non comme une simple objection situationnelle à la tournure prise par une interaction particulière. À l'inverse, le recours récurrent au contrôle d'identité auprès de personnes par ailleurs individuellement connues des policiers intervenants (ce qui atténue la justification du contrôle « d'identité », celle-ci ne faisant aucun mystère) au cours duquel toute expression de désaccord peut éventuellement être sanctionnée (que ce soit par une vérification au poste ou, de manière plus labile, par des rappels à l'ordre verbaux, voire par une punition physique) est constitué comme source majeure de dégradation des relations interindividuelles entre policiers et population.

« Toute marque de défiance vis-à-vis du contrôle au cours de son déroulement est tendanciellement perçue comme une mise en cause de cette asymétrie statutaire. »

Qu'est-ce qui se trouve ici en jeu dans les pratiques concrètes des uns et des autres ? Une confrontation d'idéaux quant à ce que devrait être une rela-

10 — Howard Becker, *Outsiders. Études de sociologie de la déviance*, Paris, Métailié, 1985 [1963].

11 — Aurélien Lignereux, *La France rébellionnaire. Les résistances à la gendarmerie (1800-1859)*, Rennes, PUR, 2008.

12 — Fabien Jobard, Jacques de Maillard, « Les contrôles d'identité. Du répertoire professionnel au problème public », *in* Jacques de Maillard, Wes Skogan (dir.), *Police et société en France*, Paris, Presses de Sciences Po, 2023, p. 243-261.

tion pratique entre forces de l'ordre et citoyens, fussent-ils membres de groupes dont les pratiques sociales les exposent, à tort ou à raison, davantage au risque de contrôle. D'une part, le contrôle d'identité est investi par les policiers comme un moyen crucial d'expression de leur différence statutaire, fondée par leur appartenance à une profession d'État aux pouvoirs d'emprise physique et juridique étendus, dans la conduite de leurs activités professionnelles ordinaires, et dont la reconnaissance sans réticence est un attendu moral et politique à la fois individuel (chaque policier doit pouvoir être respecté en tant que policier) et collectif (la place qu'occupe la profession policière dans la division du travail tient à la nécessité, au sein des États modernes, de disposer d'instances de régulation et, éventuellement, de répression garantissant l'ordre public et la coexistence pacifiée des citoyens). D'autre part, le contrôle d'identité est de plus en plus reçu collectivement comme une atteinte excessive à la vie ordinaire des citoyens, atteinte qui se montre d'autant plus exorbitante qu'elle tend à donner lieu à l'expression de formes de supériorité contraires aux attentes partagées en matière d'égalisation des statuts et de sacralisation de la personne. C'est donc l'opposition entre deux idéaux de légitimité de l'autorité en démocratie qui se dessine, l'un valorisant l'adhésion indiscutable et immédiate à l'ordre statutaire émanant de la différenciation sociale et professionnelle caractéristique des États modernes, l'autre défendant les valeurs attachées au processus d'égalisation tendancielle des statuts et de sacralisation de la personne dont la combinaison enjoint à ce que les individus ne fassent pas l'objet de prise inhibitrice excessive au regard des droits subjectifs qui leur sont garantis en démocratie[13]. Notons que cette dernière n'équivaut pas à un refus par principe de toute autorité mais qu'elle exprime une transformation interne des formes de son exercice ; à ce titre, elle signale bien qu'existe aujourd'hui une crise de l'autorité, si l'on veut bien entendre par là l'expression qu'un désaccord durable s'est installé à propos de ce qui doit fonder une autorité policière, et qui appelle donc une résolution nouvelle que n'offrent ni le discours de *retour* à une autorité indiscutée, ni la démarche abolitionniste naturalisant le caractère intrinsèquement scandaleux du fait d'autorité.

« Un désaccord durable s'est installé à propos de ce qui doit fonder une autorité policière. »

13 — Jacques de Maillard, « Les contrôles d'identité, entre politiques policières, pratiques professionnelles et effets sociaux. Un état critique des connaissances », *Champ pénal/Penal Field*, vol. 16, 2019, en ligne : <https://journals.openedition.org/champpenal/10318>

Fourgon d'intervention des CRS Autoroutières
CC BRUNOGUZZI

Les deux formes de légitimité (par automaticité et par justification) de l'action policière émanent de la même évolution sociale et politique ; elles inclinent pourtant à des attitudes diamétralement opposées : une attente d'une reconnaissance non négociable de la légitimité de l'action policière, motivée par l'asymétrie statutaire entre forces de l'ordre et citoyens ; une attente d'une prise en considération du principe de sacralisation de la personne et des revendications égalitaires qui résultent de l'évolution générale des sociétés marquées par une forte division du travail[14] et par une extension continue des chaînes d'interdépendances entre groupes et individus[15]. La conflictualité inhérente à cette opposition est-elle pour autant irrémédiable ? La source commune de ces légitimités visées autorise à penser que ce n'est pas certain, à condition toutefois que chaque groupe impliqué dans la définition de ce qu'est un contrôle d'identité réussi gagne en conscience quant à ce qu'implique sa propre pratique.

En l'occurrence, en l'état actuel des choses, peu de groupes réclament l'abandon total et définitif des contrôles d'identité, et lorsqu'ils le font, ils inscrivent cette proposition dans l'horizon d'une perspective abolitionniste qui a

14 — Émile Durkheim, *De la division du travail social*, Paris, Quadrige PUF, 2007 [1893].

15 — Norbert Elias, *Qu'est-ce que la sociologie ?*, Paris, Press Pocket, 1991 [1970].

pour effet de renaturaliser l'autorité policière, cette fois pour la dénoncer. Sont plutôt envisagées des alternatives qui permettraient que les policiers conservent un outil professionnel équivalent mais dont la forme diminuerait significativement la possibilité qu'à travers lui s'expriment des formes de supériorité qui heurtent les expectatives en matière d'égalisation sociale, le tout sans remise en cause de la différenciation professionnelle[16]. Il y a en revanche plus de chemin à parcourir pour que les groupes sociaux qui forment l'institution policière (syndicats, administration locale comme centrale, équipes professionnelles) accèdent à l'idée que la contestation d'une autorité trop verticalisée ne soit pas synonyme de contestation de l'autorité tout court. Pour autant, il existe un nombre croissant de policiers faisant aujourd'hui un tel diagnostic, ce qui ouvre la voie vers une réflexion quant à la possibilité, au contraire, de renforcer la légitimité de l'action policière, dès lors qu'elle n'installe pas comme tout préalable son bien-fondé et qu'elle entend se rendre descriptible, par celle qu'elle vise, comme légitime en raison d'un horizon normatif commun. De ce point de vue, le fait que l'institution policière soit elle-même le lieu de l'expérience de la transformation des formes de légitimité de l'autorité par le biais de ces nouvelles recrues peut être vu comme une occasion d'effectuer un retour collectif sur les fondements de l'autorité policière. Ce qui pourrait infléchir le diagnostic de l'effondrement général de l'autorité au profit de la prise au sérieux de l'hypothèse d'une modification interne des rapports d'autorité et donc de la nécessité, pour les forces de l'ordre, de s'ajuster à cette évolution générale, tout en recevant l'inquiétude qui sourd derrière ce diagnostic et qui pointe nécessairement vers une reconstruction plus réflexive de ce qu'est un rapport d'autorité dans une société moderne.

16 — Voir par exemple Christine Lazerges, « Pour une politique criminelle de lutte contre les contrôles d'identité discriminatoires », *Revue de science criminelle et de droit pénal comparé*, 1(1), 2017, p. 173-181.

Maître de conférences en sociologie du droit à l'École normale supérieure et membre du Lier-Fyt (EHESS), Cédric Moreau de Bellaing travaille sur l'histoire des pratiques du maintien de l'ordre. Il est l'auteur de *Force publique. Une sociologie de l'institution policière*, Paris, Economica, 2015.

ENTRETIEN

AVEC CAMILLE FROIDEVAUX-METTERIE

EXPÉRIENCES VÉCUES DU CORPS ENCEINT : UNE CRITIQUE FÉMINISTE DE L'AUTORITÉ MÉDICALE

© *DR*

Professeur de science politique à l'Université Reims Champagne-Ardennes, Camille Froideveaux-Metterie a consacré de nombreux travaux à l'histoire du rapport au corps dans une perspective féministe. Elle est notamment l'auteure de *La révolution du féminin*, Paris, Gallimard, 2015 ; d'*Un corps à soi*, Paris, Seuil, 2021 ; et d'*Un si gros ventre. Expériences vécues du corps enceint*, Paris, Stock, 2023.

Votre ouvrage *Un si gros ventre. Expériences vécues du corps enceint* (2023) permet d'examiner la diversité (et souvent la conjonction) des autorités qui s'exercent sur les femmes avant, pendant et après leur grossesse, parfois de façon très violente. En l'occurrence, on voit bien que les parcours de grossesse sont à la fois alourdis par l'autorité du personnel médical, laquelle passe par l'expertise scientifique (expertise qui objective les corps et les réduit à la tâche d'enfanter *efficacement*), et celle, plus insidieuse, d'une société qui multiplie les injonctions faites aux femmes (au sujet de leur propre grossesse, de leur corps ou de leur rapport à la maternité). Pourriez-vous revenir sur ces différents types d'autorité, ou plus exactement, de domination qui pèsent sur les femmes?

Il y a un fil rouge qui permet de tenir ensemble ces deux autorités que vous distinguez dans le suivi de grossesse : une autorité *directe* qui est celle du corps médical et une autorité *indirecte*, ou intériorisée, qui est celle des injonctions reçues. L'une et l'autre forme d'autorité relèvent en réalité d'une même logique, celle de la domination patriarcale. La façon dont les médecins exercent leur magistère et leur expertise sur le corps féminin est imprégnée de la tradition patriarcale dans son essence même, puisque l'assignation des femmes à leur corps procréateur et la grossesse en constituent le socle.

Définies au seul prisme de leurs fonctions corporelles, sexuelle et maternelle principalement, les femmes ont été cantonnées dans la sphère domestique pour s'y occuper de leurs enfants et prendre en charge le bien-être de toute la famille. En les privant ainsi de toute légitimité dans le monde social et politique, les hommes se sont assurés de tenir les rênes du pouvoir, dominant le monde et les femmes.

Mais alors comment valoriser une forme de savoir profane et mettre à distance la violence potentielle de l'autorité du corps médical à l'endroit des femmes, sans pour autant contester unilatéralement la médecine, et sans conduire au relativisme des savoirs, voire à une contestation populiste de toute autorité scientifique (comme on l'a vu au moment de la crise sanitaire)? Que serait une autorité médicale collectivement émancipatrice, qui ne relève pas simplement du "contrôle" patriarcal?

Comment faire en effet depuis cette prise de pouvoir des hommes qui, à la fin du XVIIIe siècle, ont intégré les chambres des parturientes pour en chasser les "commères" (c'est-à-dire celles qui sont mères-avec) et ont pris en main le protocole de grossesse jusqu'à l'accouchement ? Ce réaménagement patriarcal de tout le processus de l'enfantement a débouché, pour les femmes, sur une situation de dépossession de leur grossesse. Cela s'est produit en même temps que les progrès de la médecine obstétricale et de l'hygiène. Si, à partir des années 1950, les femmes accouchent toutes désormais à l'hôpital, c'est aussi pour des raisons sanitaires, parce que leur santé et celle de leurs enfants à naître est assurée.

Il n'empêche, cette évolution est synonyme de dépossession radicale, les femmes se trouvant privées de toute réflexivité et de toute agentivité dans le processus de gestation et d'accouchement. Tout se passe comme si, par un coup de baguette magique patriarcale, elles perdaient leur subjectivité dès lors qu'elles sont enceintes, se voyant dénier tout savoir sur leur propre condition et toute capacité à décider pour elles-mêmes. Elles ne sont plus alors que des corps, des *gros ventres* abandonnés entre les mains de la médecine.

Fort heureusement, tout cela est en train d'évoluer à la faveur des mobilisations féministes qui se déploient depuis une dizaine d'années. Ouverte au début des années 2010, la « bataille de l'intime » a enclenché une séquence féministe de réappropriation de nos corps dont la maternité fait éminemment partie. Cela produit des effets vertueux, car les femmes se trouvent désormais en capacité d'opposer à l'autorité médicale une réflexion nourrie par leurs lectures, par l'écoute de podcasts, etc. Elles disposent à nouveau d'outils pour penser leur condition incarnée. Je dis bien à nouveau parce que, dans les années 1970, il y a eu un immense mouvement de diffusion des savoirs relatifs au corps féminin. Le projet archétypal de cette connaissance « aux mains des femmes », c'est l'ouvrage *Our bodies, Ourselves*, rédigé par des féministes de Boston après une vaste campagne de réunions et d'enseignements entre femmes. Ce n'est donc pas la première fois que les femmes essayent de reprendre le contrôle sur leur corps, et en particulier sur leur corps maternel. Concrètement, dans les cabinets médicaux et les maternités, de plus en plus de femmes sont en capacité d'opposer leurs propres réflexivité et agentivité face aux médecins. On y trouve également de plus en plus de personnels médicaux, notamment des sages-femmes, qui sont sensibilisées à ces questions et parfois même très engagées. C'est très important que les choses évoluent de l'intérieur du corps médical lui-même.

Je le dis dans le livre, il n'est pas question pour moi de contester le savoir médical en soi (je lui dois d'être là aujourd'hui pour en parler). Il ne s'agit pas de rejeter la compétence scientifique, simplement de réclamer que les femmes et les personnes concernées puissent faire entendre leurs voix, et que les médecins considèrent que lorsque l'on est malade, ou que l'on attend un enfant (ce qui n'est évidemment pas la même chose), le savoir que l'on a sur sa propre condition est très précieux, et surtout, légitime ! Au nom de quoi peut-on dénier à un individu de prendre part au protocole qui est destiné à le guérir ou à faire naître son enfant ? Il s'agit donc de réinventer la relation du corps médical à la patientèle sur le modèle d'une co-participation.

C'est par l'addition des démarches individuelles qu'enfle la vague de contestation féministe. Ces expériences singulières s'agrègent, résonnent ensemble puis deviennent politiques. Dans la contestation des savoirs scientifiques pendant la pandémie, il y a eu quelque chose d'immédiatement collectif qui renvoyait à une logique populiste de colère protéiforme. Cette agrégation visait une destruction générale de l'autorité, mais ne revendiquait pas une reformulation critique des modalités de la relation entre médecins et patient·e·s. Or l'autorité est une relation, elle se définit par sa légitimité, la légitimité de celui ou celle qui l'exerce sur celles et ceux qui y consentent ; la domination, elle, n'est jamais légitime puisqu'elle s'impose sans consentement.

Vous procédez beaucoup à travers des entretiens, dans votre méthodologie. Il me semble que votre livre tâche précisément de refaire place à l'autorité du témoignage situé, incarné (enceint), et à travers ces témoignages de femmes que vous mobilisez, au « savoir profane[1] » des femmes et à leurs expériences, contre l'expertise érudite du corps médical. Est-ce ainsi que vous avez conçu les choses?

Je ne mobilise pas le terme de témoignage qui renvoie selon moi à quelque chose d'extérieur à soi : on est généralement témoin *de* quelque chose. Je préfère utiliser ceux de récit de vie, que j'emprunte à la sociologie, et d'expérience vécue qui me vient de la phénoménologie. Ma méthode consiste à tenir ensemble le recours à l'empirie d'un côté et la démarche théorique de l'autre. J'ai peu à peu élaboré une méthode que j'appelle « l'enquête phénoménologique » qui consiste à faire résonner ma propre voix avec celles de personnes que je rencontre et qui incarnent la

1 — À ce sujet, lire Louise Blais, « Savoir expert, savoirs ordinaires : qui dit vrai ? Vérité et pouvoir chez Foucault », *Sociologie et sociétés*, vol. 38, n° 2, automne 2006, p. 151-163. <https://doi.org/10.7202/016377ar>

« AU NOM DE QUOI PEUT-ON DÉNIER À UN INDIVIDU DE PRENDRE PART AU PROTOCOLE QUI EST DESTINÉ À LE GUÉRIR OU À FAIRE NAÎTRE SON ENFANT? IL S'AGIT DONC DE RÉINVENTER LA RELATION DU CORPS MÉDICAL À LA PATIENTÈLE SUR LE MODÈLE D'UNE CO-PARTICIPATION. »

diversité des *situations* du thème exploré. Lors de ces longs entretiens, je demande à ces femmes de me raconter leur vie au prisme du sujet corporel que j'étudie (les seins, la grossesse…). Une fois ces récits recueillis, je tisse ces voix entre elles, mais également avec la mienne propre, sur le fond théorique des autrices féministes qui, avant moi, ont réfléchi la question.

Je fais donc un travail de mise en résonance des expériences vécues incarnées avec la pensée féministe, le tout exprimé en première personne. Contrairement à la plupart des philosophes qui emploient le *nous* de majesté, les théoriciennes féministes passent volontiers au « je ». Cela a beaucoup à voir selon moi avec la volonté de se départir d'une posture d'autorité, propre aux scientifiques masculins (philosophes, sociologues, etc.), qui ont une inclination à endosser cette posture de surplomb, leur discours tombant d'en haut sur la réalité qu'ils étudient. Je crois qu'il y a une exigence épistémologique inhérente à la pensée féministe qui impose, d'une part, d'écouter l'expérience vécue des femmes et, d'autre part, d'assumer une écriture « en première personne ».

– Il y a également un autre type d'autorité, plus intellectuel et militant, que vous remettez en question : celle du rejet quasi unilatéral de la grossesse de la part du féminisme des années 1970, parce que l'enfantement serait par définition une aliénation. Au rebours de cela, vous reconnaissez la diversité des expériences des femmes, et même la possibilité, par la grossesse, de se réapproprier son corps de façon libératrice. N'y a-t-il pas un paradoxe à affirmer la possibilité d'une libération féminine à travers l'accomplissement d'un rôle (celui de la procréation et de la maternité) auquel nous assigne la société patriarcale?

Dans une perspective féministe, il peut sembler tout à fait paradoxal de revendiquer une émancipation par la grossesse. Le socle de tout le système patriarcal étant l'assignation des femmes à leur fonction procréatrice, il s'est agi pour les féministes de revendiquer que les femmes puissent s'affranchir de ce qui était vécu par elles comme un destin. C'est très exactement ce que fait Simone de Beauvoir dans le *Deuxième sexe*, mettant en évidence les mécanismes d'objectivation par lesquels les femmes sont enfermées dans leur destin corporel et leur corps maternel. Elle adopte une position hostile à la maternité, comme en témoignent les mots par lesquels elle désigne la gestation (la femme est alors « aliénée par l'espèce ») et la condition de mère (« couveuse, œuf »). Mais il faut rappeler

« DURANT QUATRE DÉCENNIES, NOUS AVONS DÛ FAIRE “COMME SI” NOUS N’AVIONS PAS DE CORPS (PAS DE RÈGLES, PAS DE GROSSESSE, PAS D’ALLAITEMENT, PAS DE MALADIES). JUSQU’À CE QUE, AU DÉBUT DES ANNÉES 2010, NOUS VIVIONS UNE RELANCE FÉMINISTE DU PROJET D’ÉMANCIPATION. »

qu'elle écrit ce livre en 1949, alors qu'aucun moyen contraceptif n'existe et que les femmes subissent les ravages des avortements clandestins.

Dans les années 1970, la pensée de Beauvoir devient centrale pour les féministes qui la redécouvrent. Certaines féministes vont par exemple développer une critique de l'injonction à l'hétérosexualité et à la maternité comme étant ce dont découlent tous les autres mécanismes de domination. Dans cette perspective, il faut s'extirper de la condition hétérosexuelle en faisant le choix du lesbianisme politique, selon une tradition matérialiste lesbienne alors en forte tension avec le courant différentialiste, lequel revendiquait à l'inverse la *puissance maternelle*.

Dès les années 1980, les questions corporelles disparaissent du champ féministe, les femmes étant occupées à devenir des hommes comme les autres dans la sphère sociale. Le taux d'activité féminin dépasse alors les 50 % pour ne plus cesser de croître et les femmes réussissent à conquérir des bastions professionnels masculins. Mais cette conquête sociale se fait au prix du maintien de l'objectivation des femmes, elles doivent rester des corps « disponibles », sexuellement et maternellement. Durant quatre décennies, nous avons dû faire « comme si » nous n'avions pas de corps (pas de règles, pas de grossesse, pas d'allaitement, pas de maladies). Jusqu'à ce que, au début des années 2010, nous vivions une relance féministe du projet d'émancipation.

Nous avons alors retrouvé l'inspiration beauvoirienne, sur le versant critique de la dénonciation des ressorts incarnés de la domination masculine, mais aussi sur le versant positif de la possibilité d'une émancipation passant par le corps dans toutes ses dimensions. Le féminisme phénoménologique inauguré par Beauvoir a trouvé aujourd'hui le cadre de son redéploiement et c'est une excellente nouvelle pour les femmes.

Dans le socialisme philosophique et politique tel qu'il a émergé au cours des XIXe et XXe siècles, il y a cette conviction que l'émancipation des classes populaires, et plus généralement l'émancipation des groupes relégués à l'intérieur d'une

Oui, cela dépasse même la question du corps. Il faut rappeler que le féminisme n'est pas *une* politique, il est politique, tout court. C'est un projet de transformation globale de la société tout entière puisqu'il ne s'agit rien moins que d'ébranler et de détruire son socle patriarcal en en terminant avec la réduction des femmes à leur corps. Quand les luttes féministes y seront parvenues, elles produiront du même coup une refonte de la société dans ses présupposés de domination, de hiérarchie et d'exclusion de la parole dominée.

société, conduira à l'émancipation de la société *tout entière*[2]. J'ai de mon côté été très sensible à l'importance de la thématique du corps dans vos travaux[3] : pourrait-on penser qu'un éclairage sur la position particulière (et dominée) dans laquelle se trouvent les femmes, qui souffrent de l'excessive normation de leur corps, nous permet par ailleurs de réfléchir collectivement à une façon non-aliénante de nous rapporter au corps, aux corps, dans nos sociétés modernes?

Pour y parvenir, je crois que nous avons besoin des hommes. Nous arrivons de fait à un moment de l'histoire du féminisme où ils doivent prendre leur part dans nos combats, notamment parce que ceux-ci se condensent aujourd'hui sur les violences sexistes et sexuelles. Il y a un enjeu stratégique et même vital à défendre cette idée que si les hommes n'acceptent pas de comprendre le sens de notre lutte et d'y participer, nous allons subir à nouveau cette silenciation cyclique qui frappent les femmes après chaque grande conquête. Les hommes doivent réfléchir et s'engager par eux-mêmes : écouter les femmes et les croire, faire l'effort d'une information et d'une éducation féministes, pour enfin s'efforcer de mettre ces principes en pratique dans leur vie quotidienne et, éventuellement, s'engager sur le terrain pour contribuer à la mise en œuvre d'une véritable politique féministe.

Réalisé par Marion Bet

2 — Marion Fontaine et Cyril Lemieux, (2021), "La gauche peut-elle (vraiment) se passer des classes populaires ?" in *Germinal*, n° 3, p. 14-23. <https://doi.org/10.3917/ger.003.0014>

3 — Camille Froidevaux-Metterie, *Seins : en quête d'une libération*, Paris, Anamosa, 2020 ; *Un corps à soi*, Paris, Seuil, 2021 ; *Un si gros ventre. Expériences vécues du corps enceint*, Paris, Stock, 2023 ; *Patriarcat, la fin d'un monde*, Paris, Seuil, 2024.

ADDENDUM

L'entretien que Camille Froidevaux-Metterie a accordé à* Germinal *ouvre de nombreuses pistes de réflexion qu'il semble souhaitable d'approfondir.* Germinal *propose, en addendum, une série de remarques visant à insister sur ce qui, dans les propos de Camille Froidevaux-Metterie, contribue à repenser, depuis la normativité interne des sciences sociales, la transformation réflexive à l'œuvre dans une partie des relations d'autorité contemporaines.

Une première remarque consiste à indiquer combien le terme d'autorité a longtemps été associé, en particulier dans les luttes sociales, à celui de domination, dont la connotation négative est très marquée (d'où une part d'incompréhension dans la réception française de l'œuvre de Max Weber de ce que le sociologue allemand entend par domination). Nombre de relations sociales d'autorité ont ainsi progressivement été recodées comme des asymétries constitutives de rapports de domination dont il était impératif de se défaire dans la perspective d'un horizon d'émancipation collective. En particulier, les luttes féministes ont fourni un travail majeur d'identification des ramifications des formes de domination patriarcale, y compris dans les relations entre autorité médicale et patientes, pour dessiner les pistes politiques à emprunter pour se libérer de ces emprises. Ce combat a dès lors traduit une tendance sociale plus générale consistant à clarifier l'écart entre relations d'autorité et formes de domination par le biais de processus de dénaturalisation des premières et, partant, à mettre en valeur des formes plus réflexives d'autorité, davantage en mesure de prendre en considération ce qui dans leur fonctionnement interne, a pu être collectivement amené à être reçu comme des exigences inadmissibles. La lutte féministe a aussi conduit progressivement un travail de déréification des groupes exerçant des formes d'autorité ; et si le patriarcat est toujours une figure centrale du combat émancipateur, nombre de travaux empiriques, prenant appui sur les attitudes déjà présentes dans le monde social, sont venus questionner les catégories émergeant de ce combat mais qui ont pu progressivement apparaître, aux yeux des luttes féministes, comme étant susceptibles de produire des formes de renaturalisation des groupes.

Cela amène une deuxième remarque, qui renvoie de manière transversale à l'entretien de Camille Froidevaux-Metterie. Elle a trait à la question du changement social. Les remises en cause de l'autorité masculine comme domination patriarcale ont été portées par des collectifs politiques – féministes puis par d'autres, convaincus de la nécessité de combattre en faveur de cette cause – mais ceux-ci ont dû pouvoir bénéficier de conditions sociales de possibilité particulières pour avoir une chance d'advenir. De ce point de vue, les luttes féministes ont su prendre appui sur des tendances à l'œuvre dans l'organisation sociale qui ont favorisé les attentes d'une plus grande égalité entre groupes tout en reconnaissant aussi le bien-fondé d'une différenciation des groupes – mais aussi des individus – toujours plus importante. C'est ainsi que l'on peut comprendre l'épistémologie du point de vue vécu, l'écoute vis-à-vis des expériences de femmes en tant que femmes ou l'écriture en première personne comme des expressions aux effets puissamment libérateurs de la transformation des attitudes vis-à-vis des femmes comme groupe(s) et comme individus. Mais en cela, c'est moins l'accumulation de volontés individuelles qui a formé un mouvement social qu'une tendance plus générale travaillant les groupes et se manifestant sur le plan individuel à mesure que la sacralisation de l'individu, produit de l'accroissement de la division du travail, progressait dans les sociétés modernes. Reste que cette évolution n'est ni mécanique, ni irrévocable. Camille Froidevaux-Metterie souligne bien que l'évolution historique du rapport collectif à la maternité, aux corps des femmes enceintes et aux rôles sociaux assignés aux parturientes est loin de s'être orientée vers une amélioration constante quoique progressive de la prise en compte de l'agentivité des femmes dans le processus de gestation et d'accouchement. Au contraire, l'autrice insiste sur les formes de dépossession qui ont ponctué les derniers siècles (exclusion des commères / hospitalisation des parturientes) avant qu'émergent des pratiques restituant (ou permettant) aux femmes de disposer des puissances d'action renouvelées (diffusion de nouveaux savoirs / vague de contestation féministe). Encore faut-il s'attarder davantage sur les processus sociaux qui ont permis les premières et rendu possible l'émergence des secondes, ainsi que sur les mutations à l'œuvre à l'intérieur du corps professionnel médical. La contestation du type d'autorité médicale déniant l'agentivité des femmes y a aussi progressé, probablement sous le coup de l'apparition de nouvelles spécialisations médicales, de nouveaux services, de nouvelles professions pour lesquelles la prise en compte de l'expérience des femmes pouvait à l'inverse être encouragée. C'est au croisement de l'ensemble de ces transformations sociales qu'il faut comprendre comment nous avons pu collectivement arriver à une situation dans laquelle il est possible de considérer, comme le fait à juste titre Camille Froidevaux-Metterie, qu'il est illégitime d'empêcher quiconque de prendre part au protocole de soin qui le ou la concerne.

Or ici se joue un point crucial dans la perspective que ce numéro vise. Car la contestation d'une autorité médicale conservatrice patriarcale peut prendre, schématiquement, deux formes. Une première forme est libérale : elle transite par la critique du principe même d'autorité et peut porter la revendication d'un accroissement des droits individuels. Si le gain d'agentivité pour les femmes est ici net, cette perspective fait courir un double risque. Celui de la dissolution du groupe social « femmes » au profit d'un ensemble d'individus porteurs de droits, perdant au passage la normativité interne acquis historiquement par ce groupe au travers des luttes féministes ; celle, plus pathologique, d'une mise en concurrence des savoirs professionnels avec les opinions personnelles au nom de l'illégitimité de toute asymétrie alors immanquablement constituée en oppression.

Une deuxième forme de critique de l'autorité médicale au nom de l'agentivité des femmes dans le processus de procréation et d'accouchement est néanmoins disponible. Elle consiste à revendiquer l'intégration, dans le processus d'accompagnement et de soin, d'un plus grand nombre de points de vue (y compris celui, éminent, de l'expérience des femmes en tant que femmes) au nom d'un double impératif, aux branches indissociables, de distanciation et de sacralisation processuelle des droits individuels. Elle invite ainsi les professions médicales à prendre la mesure des apports collectifs des savoirs profanes qui ont été produits par des groupes non professionnalisés qui ont néanmoins su acquérir une solide expertise technique et médicale combinée à la valorisation de l'expérience individuelle, et propose, de ce point de vue, une reconfiguration interne à la relation d'autorité qui, sans abandonner la différenciation qui en est au principe, construit sa légitimité sociale sur sa capacité intégrative et non sur la réification de l'existence de groupes aux savoirs spécialisés.

De la mise en évidence de ce travail collectif d'intégration et de différenciation – qui se trouve déjà être à l'œuvre au sein des sociétés modernes – il est possible alors de déduire que Camille Froidevaux-Metterie a raison d'affirmer que le féminisme doit enrôler les hommes, et d'affirmer même qu'il doit devenir un élément non négociable des droits humains y compris du point de vue des hommes. C'est-à-dire atteindre un stade de distanciation qui assume le fait que les hommes doivent se sentir concernés, et même visés, lorsque les droits des femmes sont mis en cause, entravés ou réduits. Car l'enjeu proprement socialiste est bien de reconstruire une visée émancipatrice à vocation universelle *depuis* le point de vue des groupes qui sont minorisés. Les tendances sociales qui ont rendu possible les conquêtes du mouvement féministe représentent ainsi une évolution historique qui concerne *tout* le monde sur le fondement du groupe qu'il défend. Ce qui ne sera bien évidemment pas sans susciter de réactions et de contestations, comme en témoignent l'actuelle vigueur des mouvements masculinistes ou des courants néoréactionnaires. Mais c'est bien en tant que le féminisme est une des expressions du plus haut point de réflexivité que nous sommes en droit, collectivement, d'attendre de nos sociétés qu'il est désormais un fait social et sociologique majeur.

LA DIRECTION DU NUMÉRO

ENTRETIEN

AVEC MICHÈLE LEVY-SOUSSAN

LES TRANSFORMATIONS DE L'AUTORITÉ MÉDICALE PAR LES PARCOURS DE SOINS DE LA FIN DE VIE

© DR

Michèle Levy-Soussan a été responsable de l'Unité mobile d'accompagnement et de soins palliatifs de la Pitié-Salpêtrière. Elle participe aujourd'hui, à l'Hôtel-Dieu, au développement de l'éthique narrative dans les parcours de soins.

Comment l'exercice de l'accompagnement de la fin de vie a-t-il contribué à former votre conception du soin médical?

Accompagner des patients en fin de vie pendant vingt-cinq ans a été un engagement de toute une vie, qui a profondément façonné ma pratique et ma pensée du soin. J'ai appris à transformer l'accueil du patient en un véritable acte de soin, en développant une écoute qui allie compréhension médicale et reconnaissance de la personne, porteuse de son propre récit. Un des défis du progrès médical réside dans la tension entre l'objectivation nécessaire de la maladie, grâce aux avancées de l'imagerie et de la biologie, et le retour constant à la personne, avec son histoire, dans une approche holistique du soin. Bien que les recommandations soignantes semblent consacrer ce soin global, il s'agit souvent d'une injonction paradoxale tant le tropisme gestionnaire pour la maladie l'emporte sur la prise en compte du malade. Les glissements sémantiques en témoignent lorsque le « traitement personnalisé du cancer » assimile le sujet à sa maladie, l'identité du cancer définirait et singulariserait la personne. Nos pratiques soignantes et nos actions en santé doivent s'efforcer de ne pas réduire le patient à sa maladie dans une optique gestionnaire performative. Notre rôle est de prendre en soin la personne souffrante et vulnérable, en mobilisant et coordonnant les soins adaptés, et en mobilisant à la fois ses propres ressources pour faire face aux épreuves de la vie. Ensemble, nous élaborons un langage commun qui permet d'informer de manière précise, de faire émerger ses priorités et de lui donner une place active dans les décisions de santé qui le concernent. Dans une présence respectueuse et responsable, nous construisons une relation de soin adaptée aux besoins et aux attentes de la personne, tout en tenant compte de son histoire, de son entourage et de ses perspectives. Ma conception du soin s'est également affirmée en réponse à l'orientation techno-scientifique et gestionnaire qui prédomine souvent dans la formation et la pratique médicales. J'ai fini par considérer l'hôpital comme un patient lui-même, convaincue qu'il est essentiel de prendre soin également de ceux qui soignent. L'enjeu est de ne jamais perdre de vue l'essence du soin, dans ses dimensions éthiques et démocratiques.

Comment la question de l'autorité de la décision médicale est-elle redéfinie dans le contexte de la médecine palliative et de l'aide médicale à mourir?

L'autorité de la décision médicale connaît de profonds bouleversements comme en témoigne l'émergence de nombreuses lois consacrant des droits aux malades depuis une vingtaine d'années, dans le mouvement de démocratie en santé. Ces lois sont nées bien souvent à l'issue d'états généraux de la santé, de réflexions éthiques, menées notamment par le Comité consultatif national d'éthique, de travaux et débats parlementaires. Cependant, le pouvoir administratif au sein des établissements de santé et le pouvoir judiciaire se sont sans doute plus saisis de ces nouvelles normes en matière d'autorité de la décision médicale que les pratiques soignantes elles-mêmes. Les professionnels de santé se montrent souvent plus soucieux d'être « dans les clous de la loi » que d'en examiner la portée éthique et les enjeux au cœur de la relation, tant du côté du patient et ses proches que du côté soignant.

Les lois, une fois adoptées, nécessitent d'être traduites, interprétées pour nourrir et améliorer l'humanité dans le soin. Ainsi en est-il de la « désignation de personne de confiance » ou du recueil de « directives anticipées » que les processus d'accréditation des hôpitaux mesurent de manière chiffrée, alors que nous n'avons probablement pas suffisamment fait vivre au cœur de la relation de soin, dans la dimension éthique et démocratique, ces dispositifs. Dans un même temps, les décisions médicales complexes sont devenues de plus en plus fréquentes, et l'*Evidence Based Medecine* ne permet plus, bien souvent, d'arbitrer entre différents projets de soins.

Quant aux soins palliatifs, ils sont nés d'un mouvement humaniste à l'écoute du patient en fin de vie et de ses proches dans le contexte d'un progrès asymptotique de la techno-science médicale pensé comme systématiquement bon. Dans la culture de la médecine anatomo-clinique, le symptôme n'était là que pour sa valeur informative, sans réelle préoccupation pour la souffrance du patient, pour le récit qu'il en faisait, ni pour la recherche d'un apaisement. Situés comme une troisième voie dénonçant tout à la fois l'obstination déraisonnable et l'euthanasie, la médecine palliative a progressivement fait autorité en plaidant pour une intégration précoce de cette démarche de soins : Ils proposent un accompagnement de la personne atteint d'une maladie grave et incurable, dans une attention portée au vécu de la personne la malade, des effets indésirables de ses traitements, et en lien avec les acteurs des soins spécifiques (cancérologues, neuro-gériatres...). Les soins palliatifs ont fait progressivement autorité dans le contexte de la médecine hospitalière, grâce à la qualité d'un dialogue multi-disciplinaire, entre médecine d'expertise de la maladie et évaluation de la situation globale, intégrant la voix du patient, de ses proches et des soignants de proximité afin de définir ensemble le soin le plus juste.

La Société Française d'accompagnement et de soins palliatifs, la SFAP, a d'emblée inscrit dans son préambule son opposition à l'euthanasie, quand d'autres pays l'ont intégrée au sein de la démarche soignante. Cette inscription interroge l'autorité de la décision médicale en réponse à la demande d'une aide à mourir exprimée par des patients affectés par une maladie grave, incurable et présentant un état de souffrance réfractaire. La reconnaissance d'un droit à une aide à mourir dans la fin de la vie est réclamée de longue date, à l'instar d'André Comte Sponville, et considérée comme un « prendre soin », un accompagnement. Personnellement, je pense aujourd'hui nécessaire de faire évoluer le droit, en observant que certains patients inscrivent la demande d'une aide à mourir dans la relation de soin. Cependant, cette légalisation me paraît aujourd'hui être tout à la fois nécessaire et cependant, secondaire par rapport aux enjeux de l'humanisation du soin jusqu'à l'accompagnement de fin de vie. Il faudrait que l'on puisse aborder sereinement ce sujet qui nous concerne tous sans opposer patients, aidants, soignants et citoyens.

Nous assistons à une crise de l'autorité de la décision médicale, dans un blocage exprimé encore dernièrement à l'occasion de la convention citoyenne. Lors de la convention citoyenne sur la fin de vie, les participants ont voté en faveur d'une évolution du droit ; quelques jours avant, des organisations professionnelles de soignants se revendiquant de 800 000 adhérents ont déclaré que jamais l'euthanasie et le suicide assisté ne sauraient être considérés comme un soin. Là, l'autorité professionnelle rappelle sa légitimité pour évaluer la situation médicale du patient. Elle entend également protéger la société contre des dérives utilitaristes vis-à-vis de la demande d'aide à mourir chez des personnes en fin de vie, ou présentant une maladie incurable (ou handicap sévère, ou état général très altéré sans perspective d'amélioration) assortie d'un état de souffrance réfractaire. Il s'agirait aussi de protéger la profession soignante dans sa vocation première, celle de préserver la

« LE POUVOIR ADMINISTRATIF AU SEIN DES ÉTABLISSEMENTS DE SANTÉ ET LE POUVOIR JUDICIAIRE SE SONT SANS DOUTE PLUS SAISIS DE CES NOUVELLES NORMES EN MATIÈRE D'AUTORITÉ DE LA DÉCISION MÉDICALE QUE LES PRATIQUES SOIGNANTES ELLES-MÊMES. »

« L'AUTORITÉ PROFESSIONNELLE RAPPELLE SA LÉGITIMITÉ POUR ÉVALUER LA SITUATION MÉDICALE DU PATIENT. ELLE ENTEND ÉGALEMENT PROTÉGER LA SOCIÉTÉ CONTRE DES DÉRIVES UTILITARISTES VIS-À-VIS DE LA DEMANDE D'AIDE À MOURIR CHEZ DES PERSONNES EN FIN DE VIE. »

vie. Pourtant, à ceux qui brandissent la menace qui pèserait sur les mineurs, les patients souffrant de troubles psychiatriques et tous les publics vulnérables, j'aimerais dire qu'ils peuvent être confiants dans les valeurs du soin que nous portons collectivement. La diabolisation de nos collègues étrangers ne peut que créer défiance et détourner d'enjeux bien réels. Les questionnements éthiques naissent de la clinique, de traductions de la loi dans la relation de soin.

Comment la spécialisation croissante et la transformation des structures de soin influencent-elles la relation entre patients et médecins ainsi que l'autorité médicale?

Notre système de santé connaît une mutation profonde : sa physionomie d'hier n'est plus et celle de demain réclame une politique de santé ambitieuse, intégrant la période de transition critique que nous traversons depuis des années. Le vieillissement de la population et la chronicité des pathologies se conjuguent à la crise de la démographie soignante et au choix gestionnaire d'une médecine ambulatoire. En amont ou en dehors d'un parcours de soins dûment établi, le morcellement des lieux, des temps et des acteurs de santé affecte la qualité de soins. L'ensemble participe aux difficultés d'accueil, de soin et d'accompagnement des plus fragiles, et notamment des patients relevant de soins palliatifs. La spécialisation croissante tend au regroupement en centres d'expertise tandis que les besoins en soins de proximité sont d'autant plus importants que le patient se fragilise : la coordination entre acteurs de santé autour du malade et son entourage doit devenir une priorité, ainsi que des discussions anticipées avec le patient et ses proches permettant d'envisager les complications prévisibles, les ressources à mobiliser et les priorités du patient. Dans ce contexte, l'autorité médicale ne se définit plus comme la voix unique du médecin traitant, mais comme une compétence partagée entre professionnels. Cette coopération est essentielle pour éviter que le patient ne se retrouve face à un « millefeuille » d'interventions éparses, sans réel fil conducteur. La médecine gagnerait ainsi à être plus collaborative, multi-professionnelle, et ancrée dans un modèle de partenariat, où les compétences de chacun sont valorisées, à commencer par celles du patient lui-même et de ses proches : l'ensemble mis au service d'un projet de soin commun. L'accompagnement palliatif n'a ainsi pas vocation à être dispensé par les seuls professionnels exerçant dans des structures dédiées.

« L'AUTORITÉ MÉDICALE NE SE DÉFINIT PLUS COMME LA VOIX UNIQUE DU MÉDECIN TRAITANT, MAIS COMME UNE COMPÉTENCE PARTAGÉE ENTRE PROFESSIONNELS. CETTE COOPÉRATION EST ESSENTIELLE POUR ÉVITER QUE LE PATIENT NE SE RETROUVE FACE À UN « MILLEFEUILLE » D'INTERVENTIONS ÉPARSES, SANS RÉEL FIL CONDUCTEUR. »

Le rapport de décembre 2023, du professeur Franck Chauvin, remis à la ministre Agnès Firmin-Le Bodo, propose un changement de vision vers une prise en soin globale de la fin de vie, fondée sur les besoins sociaux et psychologiques des personnes concernées et de leurs entourages, sur tous les territoires et dès les phases les plus précoces des parcours. Ce programme de travail ambitieux et innovant prévoit l'implication de l'ensemble des parties prenantes, des professionnels de santé et du médico-social aux collectivités territoriales avec un ancrage important d'innovation sociétale et culturelle (mobilisation de la société civile et en particulier la jeunesse).

La fonction soignante que j'ai exercée durant vingt-cinq ans, comme responsable d'une unité mobile d'accompagnement et de soins palliatifs à la Pitié Salpêtrière, se situait entre différentes cultures soignantes, à la fois entre culture professionnelle et expérience patient, entre services de spécialité principalement organisés autour du « cure » et équipes palliatives, entre l'hôpital et la « ville ». Autant d'espaces qui m'ont fait évoluer vers une conception du soin médical appelé à inclure plus largement, au-delà des seuls professionnels de santé, des langages sensibles et créatifs, comme autant de médiation dans le soin. Nos représentations et systèmes de santé sont trop clivés et catégoriels, alors que « être soignant » est en premier lieu une présence, une responsabilité, une fonction avant d'être une profession. L'idée d'un service civique en santé, à tout âge de la vie, permettrait de porter un projet politique plus solidaire dans l'accompagnement des plus fragiles, vers un « tous soignants ».

Quelle est la place du récit dans le parcours de soins et pour une appréhension holistique de la maladie?

Aujourd'hui, le manque de place accordé au récit est manifeste : remplacement dans les transmissions infirmières de récits soignants avec des « verbatims » permettant d'entendre la voix du malade, par une objectivation (« cibles » pré renseignées) ; persistance du terme « interrogatoire » dans l'observation médicale pour désigner le recueil de l'anamnèse ; absence de place accordée au récit dans le dossier numérique du patient. Ces documents comprennent le plus souvent des étapes pré-remplies, répondant plus à des obligations légales qu'à un souci pour la voix du malade ; ainsi en est-il des onglets concernant l'« information », le « consentement », la « désignation personne de confiance » ou les « directives anticipées » listées bien souvent dans les comptes rendus d'hospitalisation suivies de réponses binaires préétablies. Or, le récit est fondateur de soin, avec tout l'engagement subjectif de la personne qui écrit, y compris en rapportant des paroles du patient ou des proches. L'exercice narratif permet de traduire les temps de rencontre, d'annonce, de proposition de soins de délibération, de décision et de suivi. À la Pitié Salpêtrière, nous avons initié des ateliers de médecine narrative, convaincus de l'importance du récit dans le soin. Ce projet est né de la conviction que la médecine ne peut se contenter d'un discours exclusivement scientifique et technique. Le récit a la capacité unique de révéler la subjectivité du patient, de nous rapprocher de son vécu, de ses peurs, de ses espoirs, et de son identité propre. Cette pratique contribue à former ce que l'on appelle une éthique narrative, où le récit de l'autre devient un élément fondamental du soin. Écouter le patient, entendre son histoire, permet au médecin de développer des qualités cliniques essentielles, telles que l'empathie et l'écoute. Ce processus enrichit non seulement la relation de soin, mais il permet également de mieux appréhender la complexité de chaque situation. Dans une perspective de fin de vie, par exemple, le récit de vie devient une clé d'accès au sens que chaque patient donne à sa souffrance, à ses choix, et à son parcours. En incluant le récit dans la pratique médicale, nous redonnons au soin une dimension holistique qui transcende la stricte approche biologique. Le patient n'est plus un corps à traiter mais une personne à accompagner, dans toute sa complexité et sa singularité. Et pour tenter de comprendre et dépasser les divergences entre professionnels de santé et citoyens quant à une dépénalisation d'une aide médicale à mourir, le récit nous a semblé être un vecteur permettant d'entendre et mieux comprendre les sources de blocage. Ainsi, nous lançons un programme de recueil de récits d'accompagnement de fin de la vie par des aidants et par des soignants.

C'est en cela que la médecine narrative, comme les soins palliatifs, permet de replacer l'humain au cœur du soin, en offrant au patient un espace où son histoire est accueillie, et participe au soin. Ce qui est essentiel, c'est que la personne malade, ou affectée par le grand âge, puisse rester elle-même, se sentir accueillie, reliée à son histoire, aux siens, aux autres, participant d'une humanité commune. Cette démarche narrative nous relie dans une dimension éthique et démocratique.

Réalisé par
Nathan Cazeneuve

Michel Aglietta

Économiste, Michel Aglietta est professeur émérite à l'université Paris-Nanterre, conseiller scientifique au CEPII et à France Stratégie. Fondateur de la théorie de la régulation, il a été membre de l'Institut universitaire de France et membre du Haut Conseil des finances publiques.

Patrick Boucheron

Historien, Patrick Boucheron est titulaire de la chaire « Histoire des pouvoirs en Europe occidentale, XIIIe-XVIe siècle » au Collège de France.

Julia Cagé

Économiste, ancienne élève de l'École Normale Supérieure, Julia Cagé travaille sur l'économie des médias. Docteure de l'université de Harvard, elle enseigne à Sciences Po.

Philippe Descola

Anthropologue, Philippe Descola est professeur émérite au Collège de France où il a été titulaire de la chaire « Anthropologie de la nature ». Il a notamment travaillé sur le rapport des sociétés à leur environnement qu'il définit au travers du concept d'ontologie dans *Par-delà nature et culture* (2005).

Guillaume Duval

Journaliste, Guillaume Duval a été rédacteur en chef d'*Alternatives Économiques*, il est aujourd'hui membre du Conseil économique, social et environnemental.

Gaël Giraud

Économiste, Gaël Giraud est directeur de recherche au CNRS. Il a été économiste en chef de l'Agence française de développement (AFD) et a consacré de nombreux travaux à la question du financement et des moyens de la transition écologique.

Dani Rodrik

Professeur d'économie politique internationale à la *John F. Kennedy School of Government* de l'université Harvard, ses travaux portent sur l'économie de la mondialisation et le libre-échange qu'il envisage dans une perspective critique. Il est notamment l'auteur de *The Globalization Paradox. Democracy and the Future of the World Economy* (2011) et de *Straight Talk on Trade. Ideas for a Sane World Economy* (2018).

Patrick Weil

Politologue et historien, Patrick Weil est directeur de recherche au CNRS et professeur invité à la faculté de droit de Yale. Ses travaux portent sur la citoyenneté et la compréhension de la nation.

Gabriel Zucman

Économiste, Gabriel Zucman est professeur associé à l'université de Berkeley. Ses travaux portent sur les inégalités sociales et les paradis fiscaux. Il est notamment l'auteur de *La richesse cachée des nations : enquête sur les paradis fiscaux* (2013) et *Le triomphe de l'injustice – Richesse, évasion fiscale et démocratie* (2020).

COMITÉ DE RÉDACTION

Tristan Auvray
Économiste, Tristan Auvray enseigne à Paris XIII. Il est notamment l'auteur de *L'Entreprise liquidée. La finance contre l'investissement* (2016).

Marion Bet
Agrégée de lettres modernes, Marion Bet est doctorante en philosophie à l'EHESS.

Frédéric Brahami
Philosophe, directeur d'études à l'École des Hautes Études en Sciences Sociales, Frédéric Brahami est l'auteur d'ouvrages de référence sur Hume et le scepticisme moderne. Ses travaux portent aujourd'hui sur la pensée socialiste du XIXe siècle.

Hugo Bruel
Ancien élève de l'École Nationale d'Administration, Hugo Bruel est haut fonctionnaire au ministère de l'Économie et des Finances. Il contribue également au think tank *Hémisphère Gauche*.

Déborah Bucchi
Professeure agrégée de lettres classiques, Déborah Bucchi est doctorante en lettres classiques à l'université Paris Nanterre.

Laurence Burgorgue-Larsen
Professeure de droit à l'Université Paris 1, Laurence Burgorgue-Larsen est spécialiste du droit communautaire et des droits fondamentaux. Elle est également juge à la Cour constitutionnelle d'Andorre.

Emma Carenini
Professeure agrégée de philosophie.

Nathan Cazeneuve
Agrégé de philosophie et ancien élève de l'École Normale Supérieure, Nathan Cazeneuve est doctorant à l'EHESS. Il travaille sur l'État social et les théories de la justice.

Julia Christ
Philosophe, chargée de recherches au CNRS et membre du LIER (EHESS), Julia Christ est spécialiste de la théorie critique (École de Francfort) et travaille sur la pensée socialiste.

Valentin Denis
Agrégé de philosophie, Valentin Denis est élève à l'École Normale Supérieure. Il travaille notamment sur l'impact des *Science and Technology Studies* sur la philosophie des techniques.

David Djaïz
Ancien élève de l'École Normale Supérieure et de l'École Nationale d'Administration, David Djaïz est haut fonctionnaire et essayiste. Il est notamment l'auteur de *La guerre civile n'aura pas lieu* (2017) et de *Slow Démocratie* (2019).

Emmanuel Dockès
Professeur de droit à l'Université Paris-Nanterre, Emmanuel Dockès est spécialiste de droit du travail. Il a notamment fondé et coordonné le Groupe de recherche pour un autre Code du travail.

Tristan Duval-Cos
Diplômé de philosophie, Tristan Duval-Cos travaille dans la production culturelle.

Alexandre Escudier
Philosophe, chargé de recherche au CEVIPOF, Alexandre Escudier a longtemps travaillé sur la philosophie de l'histoire. Ses travaux de recherche actuels portent sur l'évolution contemporaine des nations et de l'État social.

Marion Fontaine
Historienne, professeure des université au centre d'histoire de Sciences Po, Marion Fontaine est spécialiste d'histoire du travail et de la désindustrialisation. Elle est directrice des *Cahiers Jaurès*.

Martin Georges
Doctorant en philosophie politique à l'université de Liège, Martin Georges travaille sur la pensée politique du mouvement ouvrier belge. Il est également rédacteur en chef de *Politique. Revue belge d'analyse et de débat*.

Emmanuel Jousse
Agrégé d'histoire, Emmanuel Jousse est chercheur associé au centre d'Histoire de Sciences Po. Ses travaux de recherche portent sur l'histoire intellectuelle et politique du socialisme. Il est l'auteur de *Les hommes révoltés. Les origines intellectuelles du réformisme en France* (2017) et de *Réviser le marxisme ?* (2007).

Nina Karam-Leder
Conseillère politique, Nina Karam-Leder est membre du think tank *Hémisphère gauche.*

Bruno Karsenti

Philosophe, Bruno Karsenti est directeur d'études à l'EHESS. Ses travaux portent sur la formation de la sociologie et ses conséquences pour la pensée politique moderne. Il est notamment l'auteur d'ouvrages de référence sur Comte, Mauss et Durkheim ainsi que d'*Une philosophie à l'autre. Les sciences sociales et la politique des modernes* (2013). Il a également cosigné avec Cyril Lemieux *Socialisme et sociologie* (2017).

Justine Lacroix

Professeure de sciences politiques à l'Université Libre de Bruxelles, Justine Lacroix est spécialiste de la question européenne et de la pensée des droits de l'homme sur lesquels elle a publié plusieurs ouvrages.

Éloi Laurent

Économiste, Éloi Laurent est chercheur à l'OFCE, spécialiste de la macroéconomie européenne et de l'économie environnementale et écologique à laquelle il a consacré de nombreux ouvrages.

Étienne Lauret

Diplômé de droit et de philosophie, Étienne Lauret est magistrat.

Pierre Lauret

Agrégé de philosophie, Pierre Lauret a été professeur en khâgne au lycée Louis Le Grand. Il est ancien élève de l'École Normale Supérieure.

Claire Lejeune

Étudiante en philosophie à l'École Normale Supérieure de Lyon, Claire Lejeune est co-secrétaire fédérales des Jeunes Écologistes.

Cyril Lemieux

Sociologue, Cyril Lemieux est directeur d'études à l'École des Hautes Études en Sciences Sociales. Ses travaux portent sur la sociologie du journalisme ainsi que sur la théorie sociologique, notamment dans ses rapports avec la critique sociale et l'objectif d'une émancipation collective. Il a co-écrit avec Bruno Karsenti, *Socialisme et Sociologie* (2017).

Nicolas Leron

Nicolas Leron est chercheur associé au Cevpiof et à l'OFCE (Sciences Po) ainsi que directeur de l'institut François Mitterrand. Il a notamment publié, avec Michel Aglietta, *La Double démocratie. Une Europe politique pour la croissance* (2017).

Charles Murciano

Ancien élève de l'École Normale Supérieure et de l'ENA, Charles Murciano est haut fonctionnaire au ministère de l'Économie et des Finances.

Alexandre Ouizille

Analyste économique, Alexandre Ouzille est président du think tank *Hémisphère Gauche*.

Emmanuel Phatthanasinh

Agrégé d'histoire et ancien élève de l'École Normale Supérieure, Emmanuel Phatthanasinh est doctorant à l'Université de Lorraine.

Mazarine Pingeot

Professeure agrégée de philosophie et écrivaine, Mazarine Pingeot enseigne à l'Université Paris 8.

Jean-Yves Pranchère

Philosophie, Jean-Yves Pranchère est professeur à l'Université Libre de Bruxelles. Il est l'auteur de plusieurs ouvrages importants sur les droits de l'Homme.

Christophe Prochasson

Historien, Christophe Prochasson a consacré de nombreux ouvrages à l'histoire intellectuelle de la France et du socialisme. Ancien recteur et conseiller à la Présidence de la République de 2015 à 2017, il a également été président de l'EHESS.

Xavier Ragot

Économiste, Xavier Ragot est directeur de recherche au CNRS, professeur d'Économie à Sciences Po et Président de l'OFCE. Il a été conseiller économique au ministère de l'Économie et des Finances.

Chloé Ridel

Ancienne élève de l'École Nationale d'Administration, Chloé Ridel est haut-fonctionnaire au ministère de l'Économie et des Finances. Co-fondatrice de l'association *Mieux Voter*.

Laëtitia Riss

Doctorante en sciences politiques, Laëtitia Riss est rédactrice en chef de *Le vent se lève.*

Lucie Rondeau du Noyer

Ancienne élève de l'École Normale Supérieure de Paris et agrégée d'histoire, Lucie Rondeau du Noyer est actuellement doctorante en histoire de la pensée économique à l'EHESS et au CIRED. Elle est membre du comité de rédaction de la revue *Germinal.*

Jeanne Sauvage

Doctorante en littérature à Yale, Jeanne Sauvage est ancienne élève de l'École Normale Supérieure.

Jean-François Suratteau

Ancien élève de l'École Normale Supérieure et agrégé de philosophie, Jean-François Suratteau a été professeur en khâgne au lycée Henri IV.

ABONNEMENT 2024/2025 GERMINAL

Je m'abonne pour un an (n°10 & 11) ou pour deux ans (n°10, 11, 12 & 13)

- en remplissant le formulaire en ligne : **https://www.revuegerminal.fr/abonnement**
- en remplissant le bulletin ci-dessous et en nous le retournant accompagné de votre règlement à : Le Bord de L'eau éditions, 176 rue Achard Bât. F1 , 33300 Bordeaux

NOM & PRÉNOM ou INSTITUTION : ....

ADRESSE : ....

....

VILLE : .... CODE POSTAL : ....

PAYS : .... EMAIL : ....

TARIFS 2024 & 2025

FRANCE

☐ Institutions (pour un an) : 35€ | (pour deux ans) : 70€
☐ Particuliers (pour un an) : 30€ | (pour deux ans) : 60€
☐ Étudiants (pour un an) : 25€ | (pour deux ans) : 50€
(joindre une photocopie de la carte d'étudiant)

ÉTRANGER EU

☐ Institutions (pour un an) : 40€ | (pour deux ans) : 80€
☐ Particuliers (pour un an) : 35€ | (pour deux ans) : 70€

ÉTRANGER AUTRE

☐ Particuliers & Institutions (pour un an) : 50€ | (pour deux ans) : 100€

DÉLAI POUR EFFECTUER UN RÉCLAMATION : 6 (SIX) MOIS

Je règle aujourd'hui la somme de .... € à l'ordre des éditions LE BORD DE L'EAU

☐ par chèque ci-joint

☐ par virement à la banque :
CIC BORDEAUX BASTIDE
IBAN : FR76 1005 7190 8900 0356 4850 156 // BIC : CMCIFRPP

☐ Je souhaite recevoir une facture

Abonnement en ligne : https://www.editionsbdl.com/revue/germinal
Vente en ligne : https://www.editionsbdl.com/revue/germinal

Direction du numéro
JEAN-FRANÇOIS CHANET ET CÉDRIC MOREAU DE BELLAING

Direction de la publication
NATHAN CAZENEUVE

Éditeur
JEAN-LUC VEYSSY / LE BORD DE L'EAU ÉDITIONS

Conception de la maquette
MATHILDE IMBERT

Réalisation de la maquette
ÉDITIONS LE BORD DE L'EAU

Identité graphique et iconographie
JAVIER BARRIENTOS

Illustration de couverture
EMMA GARCIA-LIGERO

Préparation du manuscrit
MARION BET, NATHAN CAZENEUVE, EMMANUEL PHATTHANASINH, LUCIE RONDEAU DU NOYER

Germinal n°9 : L'autorité en démocratie

Revue semestrielle éditée par LE BORD DE L'EAU ÉDITIONS
Directeur de la publication : Nathan Cazeneuve
Parution le 18 avril 2025
ISSN : 27801993
Prix : 18€

Cet ouvrage a été achevé d'imprimer en mars 2025 pour le compte des éditions Le Bord de l'eau par CPI Bussière Imprimerie, Saint-Amand-Montrond (18200).

Dépôt légal : Avril 2025 – N° d'impression : 2083986

Imprimé en France

GERMINAL

Retrouvez-nous :
https://revuegerminal.fr/

Abonnez-vous :
https://www.editionsbdl.com/revue/germinal/

Soutenez-nous :
https://revuegerminal.fr/don/